《我们深圳》
首部全面记录
深圳人文的非虚构图文丛书

我们深圳

Hakka Overseas

远渡加勒比

彼岸的祖父

◎罗敏军 / 著

深圳报业集团出版社

本书谨献给敬爱的祖父。

我的祖父罗定朝，和那些不远万里漂洋过海、在异国他乡历尽艰辛开基创业的惠（阳）东（莞）宝（安）地区的客家先驱们一样，是与近代中国沧桑沉沦、丧权屈辱历史命运紧密相连的一代人，是创建加勒比海地区近代零售商业体系的一代人，是当之无愧书写牙买加经济发展历史的一代人！

本书也为罗氏子孙后人而作。

历史从来不仅有一种解读，家族的历史本质上就是一种有温度、可触碰的家族记忆。衷心希望罗氏子孙能够通过这本书，充分了解客家人勇于开拓、艰苦奋斗的精神品质，继而像祖辈一样，凭借勇气、睿智和勤奋开拓事业，将这些宝贵的精神财富一代一代地传承下去。

鹤湖新居建筑
（深圳市龙岗客家
民俗博物馆供图）

1961年，罗定朝夫妇与子孙全家照，
前排左一为作者小时候（罗定朝家族供图）

罗定朝青年时期照片

鹤湖新居外景（深圳市龙岗客家民俗博物馆供图）

龙湖书院外景（深圳市龙岗客家民俗博物馆供图）

鹤湖新居一角（曾志友画作）

鹤湖新居全景（曾志友画作）

003

《我们深圳》

《我们深圳》?

是的。我们,而且深圳。

所谓"我们",就是深圳人:长居深圳的人,暂居深圳的人,曾经在深圳生活的人,准备来深圳闯荡的人;是所有关注、关心、关爱深圳的人。

所谓"深圳",就是我们脚下、眼前、心中的城市:是深圳市,也是深圳经济特区;是撤关以前的关内外,也是撤关以后的大特区;是1980年以来的改革热土,也是特区成立之前的南国边陲;是现实的深圳,也是过去的深圳、未来的深圳。

《我们深圳》丛书,因"我们"而起,为"深圳"而生。

这是一套"故园家底"丛书,它会告诉我们:

深圳从哪里来，到哪里去，路边有何独特风景，地下有何文化遗存。我们曾经唱过什么歌，跳过什么舞，点过什么灯，吃过什么饭，住过什么房，做过什么梦……

这是一套"城市英雄"丛书，它将一一呈现：在深圳，为深圳，谁曾经披荆斩棘，谁曾经独立潮头，谁曾经大刀阔斧，谁曾经侠胆柔情，谁曾经出生入死，谁曾经隐姓埋名……

这是一套"蓝天绿地"丛书，它将带领我们遨游深圳天空，观测南来北往的鸟，领略聚散不定的云，呼叫千姿百态的花与树，触碰神出鬼没的兽与虫。当然，还要去海底寻珊瑚，去古村采异草，去离岛逗灵猴，去深巷听传奇……

这是一套"都市精灵"丛书，它会把美好引来，把未来引来。科技的，设计的，建筑的，文化的，创意的，艺术的……这座城市，已经并且正在创造如此之多的奇迹与快乐，我们将召唤它们，吟诵它们，编织它们，期待它们次第登场，一一重现。

　　这套书，是都市的，是时代的。

　　是注重图文的，是讲究品质的。

　　是故事的，是好读的，是可爱的，是美妙的。

　　是用来激活记忆的，来拿来珍藏岁月的。

　　《我们深圳》，是你的！

胡洪侠

2016 年 9 月 4 日

他序

　　《远渡加勒比》一书的作者罗敏军，是深圳大学第一批干部专修科法律专业的学生。那时，我们刚从北京来到深圳这片热土，是深圳大学的第一批教师。罗敏军是班委，年轻、活跃、有朝气，是个能给老师留下印象的学生。20世纪80年代的深圳经济特区，亟需人才，这个班的学生毕业后，大多陆续走上了单位的领导岗位。后因各自工作都忙，师生彼此又不在一个系统，就没有了什么联系。

　　今年4月，忽接罗敏军电话，很是惊喜。不久，就发来他撰写的《远渡加勒比》电子文稿，我们即刻详阅并兴奋地讨论了起来：真没有想到，罗敏军竟然是龙岗鹤湖新居罗氏长房的后裔！我们兴奋的原因，要从刘丽川于2002年出版的《深圳客家研究》一书，历经十年之后又得再版说起。

　　该书能够再版的主要原因是，2012年间得到了龙岗区委宣传部、龙岗街道办事处及龙岗鹤湖客家民俗博物馆从出版经费到再版所需的各项支持。当然，支持的前提是，在第一版的基础上增加有关龙岗镇客家的内容。因为第一版是以坪山、坑梓两地的客家为主要研究对象。我们欣然允诺，随即赶赴龙岗，入村对罗氏历史开展调研。为此，我们才有机会较深入地接触到龙岗罗氏。这些调研成果，就形成了再版的《深圳客家研究》的第三章，即"移民高峰时期进入深圳的'龙岗罗'"。未曾想，罗敏军竟然是龙岗罗氏的血脉，这就是我们兴奋讨论的缘由。令人感到遗憾的是，撰写第三章时，他还没有与我们联系，否则，如有他的帮助，我们对罗氏的调查会顺利许多，对"龙岗罗"的报告也肯定会丰富、精彩许多。

据《罗氏族谱》记载,龙岗罗氏的开基祖是罗瑞凤。他偕妻将子于乾隆二十三年(1758),由广东兴宁"徙居惠阳县属之龙岗墟"(有清一朝,直至20世纪50年代,龙岗隶属惠阳)。从瑞凤公至其祖父,罗敏军在《远渡加勒比》一书中,用流畅的笔触,清晰地讲述了他们在龙岗、美洲等地艰辛拓殖的历史,字里行间,无不流露出他对罗氏祖上的敬佩之情。

在龙岗,说到罗氏,人们自然会提及鹤湖新居:它是从瑞凤公起的三代人,前后花费了40多年的时间,创建了占地面积达25,000平方米,内有300多间房的大型客家围堡。它开建于乾隆末年,嘉庆二十二年(1817)建好内围;道光年间完成了外围的扩建。

深圳的东部、东北部,从乾隆至光绪的200多年间,似这样独具地方风格的围堡,大大小小约有160多座,它们是当年客家人曾经创造出"经济繁荣、文化发达"的历史标志,而鹤湖新居位列翘楚,现辟为龙岗客家民俗博物馆。它已成为龙岗,乃至深圳的一个历史性建筑地标。

深圳客家,大部分来自嘉(应)、惠(州)、潮(州),少数来自赣、闽两省。康熙年间,因"复界招垦"引发了"客家第四次大迁徙运动",他们就是此种背景下走出大山、走向粤东南滨海的客家人。伴随鹤湖新居的营建,罗氏在龙岗的影响力也随之攀升,逐渐成为地方上的豪门大族,被当地人称作"龙岗罗"。当时,活跃在这方土地的还有"坑梓黄""坪山曾""坪地萧""观澜陈""葵涌潘""淡水叶"等地方标杆性的大姓望族。民国时的"龙岗罗",现今仍是老人们口中的话题。

而罗敏军《远渡加勒比》所撰内容,则是发生在19世纪中叶到20世纪初,那是中国最悲惨的年月。1840年"南京条约"后的时代,清政府在外国列强压力下,被迫开放海禁。1845年左右起,先是闽省的厦门港、粤省的广州、汕头港开始了向美洲出口苦力的"贸易";1852年后,香港、澳门的洋行也参与了"苦力贸易",把华工运往南洋和南美。华工主要来自闽、粤两省的民人。罗敏军的祖父罗定朝,就是1906—1910年间,成为赴美洲华工潮的一员。

《深圳客家研究》再版第七章"4.4'同(治)光(绪)中兴——下南洋、赴南美'",专文讨论了深圳客家人在这个时期向海外的流布。这个讨论,大部分是依据族谱或乡人口述的某些记忆来展开的。由于时光的雾障、地理的阻隔,故土的人们,对远在他乡亲人的具体活动,极缺翔实的了解,这也正是《深圳客家研究》有关章节的薄弱之处。《远渡加勒比》一书,在这方面做了极好的充实与补白。

人类学、社会学、历史学等学科,非常重视个案研究,因为要想认识并解释清楚中国传统社会的历史,只有大量积累"区域的、个案的、具体事件的研究",才能准确"表达出对历史整体的理解"。但似《远渡加勒比》的"个案的、具体的"实证,在现今本土文化研究中却相当匮乏。我们希望有更多的具体个案研究出现。有了它们的出现,我们才有可能"回到历史现场",深圳的乡土史、华侨史也才有可能更加丰满、鲜活起来。罗敏军《远渡加勒比》的出版，意义正在于此！他嘱我们为之作序。这是关注乡土文化学人深感荣幸之事。我们爽快地答应下来，提笔写下以上数语，以表我们的热切期盼。期盼对深圳本土历史"区域的、个案的、具体事件的研究"更多地涌现，期盼对深圳本土微观历史更为生动精彩的追述。

刘丽川　张卫东
于深圳龙华圣·莫丽斯

刘丽川为深圳大学文学院教授、深圳大学客家研究会会长、深圳客家研究著名学者。

张卫东为深圳大学文学院教授、深圳大学客家研究所所长、国内著名客家研究专家。

远渡加勒比 彼岸的祖父

目录
CONTENTS

作为鹤湖罗氏和**祖父定朝公的子孙后人**，我自当尽一己绵薄之力写作编撰《远渡加勒比》，以此作为**罗氏家族先辈迁徙、创业、发展的历史记载。**寄望罗氏子孙能借此探寻血脉之根和文化之原，**纾解人生征途中的茫然、困惑、失望和怅惘，找到继续前进的支点和寄托。**

远渡加勒比

彼岸的祖父

第一章

龙年里的故事

大洋彼岸传来喜讯

地图上的牙买加，形似一片树叶，静卧于加勒比海母亲怀中。小小岛国风景旖旎，蓝山咖啡闻名于世，跑道上"飞人"独领风骚。

牙买加圣·安斯贝教区的首府圣·安斯贝城是父亲的出生地，他在那里度过了人生头三年无忧无虑的幼年时光，心中对这"第二故乡"有着千丝万缕割舍不去的牵绊。自 1927 年随父母返回中国之后，他再没有回过这寓意和平安定的"泉水之岛"。八十余年的岁月洗礼，记忆中加勒比海的灼人艳阳，椰影里美丽的白沙滩，故园马合树下的秋千架，早已褪色成帧帧黑白老照片。2012 年 7 月，香港堂侄罗耀雄的突然来访，却使父亲脑海深处的那些旧时影像重新鲜活起来。

罗耀雄堂侄受侨居加拿大的堂哥罗金生委托，转告父亲一个信息：一位美籍牙买加裔女士正在努力寻找和联系父亲，因为她坚信自己拥有的四分之一中国血统，来自于她的外祖父，亦是我的祖父塞缪尔·罗（Samuel Lowe，汉语名罗定朝）。多年来，故里寻根、血亲团聚一直是她的母亲内尔·薇拉·罗·威廉姆斯（Nell Vera Lowe Williams，汉语名罗碧珊）女士的梦想。因此，她决定 8 月份专程来中国找寻外祖父的子孙后人，接续上这断了近百年的血脉亲缘。

这位女士名叫葆拉·威廉姆斯·麦迪逊（Paula Williams Madison），曾任美国通用电器公司（GE）副总裁、NBC（美国全国广播公司，美国三大商业广播电视公司之一）董事会副主席、副行政总裁。退休之后，便开始了她万里寻根的传奇旅程。2012 年 6 月，葆拉女士听取牙买加的

逆渡加勒比
彼岸的祖父

一个表亲建议，与兄长一道来到多伦多参加一个海外客家人举办的、以"不同地方，同一族群"为主题的客家研讨会。会上，他们细心地聆听，认真翻阅各种资料，并不停向身边的人打听客家外祖父塞缪尔·罗这个人。可以想象，仅凭塞缪尔·罗的英文名字，去查找一位90多年前曾在牙买加经商的客家人，谈何容易！葆拉女士是幸运的。兄妹3人执着寻根的举动深深打动了加拿大和牙买加的客家社团。加拿大崇正总会的魏蘭芬、江明月等热心人士纷纷施以援手，聚焦档案文献以及牙买加早期客家移民祖籍地的查找。不久，有关塞缪尔·罗当年乘船记录等历史档案先后被发现。同时，学者也将塞缪尔·罗的祖籍地圈定在广东省深圳市观澜镇牛湖村和龙岗镇罗瑞合村。并且，葆拉女士巧遇加拿大客家会联席主席罗金生博士，并从他口中得知，他的祖辈也来自广东惠阳龙岗罗瑞合村。兴奋不已的葆拉急切地希望罗先生能够帮助她查找外祖父在中国后人的下落。不久，罗博士收到香港侄儿的回复邮件称：已找到了塞缪尔·罗的后人，并联系了他的儿子罗早舞。

突如其来的消息，让父亲既感到兴奋又疑惑不解。据他所知，祖父早年旅居牙买加经商创业时，的确用过塞缪尔·罗这个英文名字；在与祖母正式结婚前，祖父曾与一名牙买加当地女子生活过一段时间，并育有一子一女，女儿名叫阿黛莎（Adassa，汉语名罗碧玉），儿子名叫吉尔伯特（Gilbert，汉语名罗早泉）。1920年祖母来到牙买加后，阿黛莎姑姑开始随祖父母一起居住，吉尔伯特伯伯则一直与生母共同生活。除此之外，父亲从未听祖父母提起还有其他同父异母兄弟姐妹的存在。

然而，以家族为中心，视血缘区别亲疏，是中国传统的核心价值体现，也是客家人的重要信仰。如果这一切都是真的，算一算血亲离散92年后，竟能重新得到他们的消息，全体家族成员都打心眼里感到高兴。虽然有的亲戚内心还有疑问，但大家都对亲人重逢充满期盼，94岁高龄的碧玉姑姑更是连声说道："像是在做梦一般。"

第一次见面

2012年8月14日，葆拉抵达深圳。当天中午，不顾舟车劳顿，专程从广州赶来深圳的碧玉姑姑与父亲一道，在耀雄堂侄的陪同下，如约来到深圳万豪酒店大堂。

堂侄简单地为双方作了介绍："叔公，姑婆，这位是美国来的葆拉女士。"

"葆拉女士，这两位就是你一直在寻找的罗早舞先生和他的姐姐罗碧玉女士。"

父亲和姑姑强忍内心的激动，打量起葆拉女士来。乍一看，个子高挑的她，举止有礼，高贵大方，一头卷曲浓密的金色短发，独具黑人特征的鼻子，似乎很难找出中国血统的影子。但细细一瞧，她介于美丽白肤色与典雅黑肤色之间的浅棕色皮肤，饱满光洁的前额，狭长有神的"中国眼"，又让两位老人不由自主地生出一丝似曾相识的熟悉感。第一次见到母亲家族的中国亲人们，葆拉女士激动得无法自持。她紧紧握住两老双手，睁大眼，努力在父亲和碧玉姑姑的脸上，描摹已逝去6年的母亲的轮廓，泪水紧跟着夺眶而出。

大家坐下之后，开始围绕远渡加勒比亲切攀谈。显然，对于确认血亲一事，双方都非常认真和谨慎。

葆拉女士首先问父亲："叔叔，塞缪尔·罗是您的什么人？"

父亲回答："他是我们的父亲。"

说完他拿出了自己和碧玉姑姑的牙买加护照，及当地医院开具的出生

2012 年 8 月 14 日至 15 日，葆拉·威廉姆斯·麦迪逊（Paula Williams Madison）女士在好友马西娅·海恩斯（Marcia Haynes）陪同下，专程从美国来到中国深圳，寻找她失散近百年的客家外祖父后人。图为她在深圳万豪酒店与父亲、碧玉姑姑第一次见面时的情景
（Marcia Haynes 摄）

证明。

父亲的出生证明上，"父亲姓名"一栏中赫然写着的"Samuel Lowe"，映入葆拉女士眼帘，她的脸上露出了微笑。

她又问碧玉姑姑："您记不记得在全家返回中国之前，有一个姐姐留在了牙买加？"

碧玉姑姑略略回忆了片刻，答道："我知道有个弟弟留在了牙买加，有没有留下一个姐姐，确实记不清了。"父亲在一旁补充说祖父母在世时从未提及有将一个姐姐留在牙买加。

看到二老满面疑窦，葆拉女士不慌不忙地解释道："我的母亲内尔·薇拉·罗·威廉姆斯出生于1918年11月15日，只比碧玉姨妈大一个多月，两人并不是一个妈妈生的。"

她说："我敬爱的母亲内尔·薇拉，是来自中国广东惠阳县（现属深圳市）龙岗镇罗瑞合村的客家商人塞缪尔·罗与牙买加女子艾伯塔·贝丽尔·坎贝尔（Albertha Beryl Campbell）的女儿。母亲3岁那年，由于受到族人的歧视与干扰，艾伯塔外祖母带着她离开塞缪尔·罗，返回了家乡。"

1933年，15岁的内尔·薇拉怀着对父爱的强烈渴望，经多方打听和寻找之后，来到圣·安斯贝寻找父亲塞缪尔·罗。遗憾的是此行她只见到了父亲的几个兄弟。叔叔伯伯们用拥抱和亲吻，表示对她的欢迎。他们告诉她："你父亲刚刚启程返回中国，并且永远不会再回来了。"离开圣·安斯贝前，叔叔送给她一份父亲留下的礼物——一副珍珠耳环。从那以后，她就完全失去了父亲的消息。直到2006年她在芝加哥附近去世，内尔·薇拉并不知道父亲塞缪尔·罗的中国名字叫作罗定朝。

讲完内尔妈妈的故事，葆拉女士又谈到了祖父三兄弟的名字，父亲兄弟姐妹的名字和出生日期，祖父母两次携带子女回国的日期和船号，

独立前英
属牙买加护照
（罗敏军摄）

图为父亲罗早舞在牙买加圣安娜教区出生记录文件（来自
familysearch.org，下同）

有趣的是 19 世纪中国契约劳工出洋远渡的高峰时期，主要移
民地国家对早期中国移民姓氏的含义并不了解。他们的服务人员在
制作记录文件时，通常根据中国移民地方口音来拼写姓氏，这样就
会产生了不同的拼写形式。如在牙买加，"罗"姓通常是根据客
家人发音被拼写成"Lowe"或者"Lo"；而在香港，则根据广府
人发音被拼写成"Law"等。这种不规则的拼写方法会为阅读原
始文档带来一定困难，但不管如何拼写，只要与姓名人的籍贯结合
起来就不难发现，上述不同的拼写形式与现代汉语拼音注音拼写的
"Luo"，均表示"罗"姓的含义（见《店主》书中"牙买加的中
国姓氏"资料）

27 岁时的罗碧珊

晚年时期的罗定朝

远渡加勒比
彼岸的祖父

以及致使祖父圣·安斯贝商店蒙受灾难的那场大火……她谈及的人物那样清晰，时间那样准确，地点那样具体，事件又是那样详尽，父亲他们开始相信，葆拉女士的母亲可能就是祖父失散多年的女儿。

等到葆拉女士拿出她母亲年轻时的照片，父亲和姑姑心中的最后一丝疑问随之烟消云散。父亲惊叹不已："太像了！简直跟父亲长得一个模样！"同种的血缘是任何力量都切割不断的纽带。这一刻，大家对彼此的亲缘关系再无丝毫怀疑。父亲和碧玉姑姑张开臂膀，将这黄头发、棕皮肤却有着一颗中国心的外甥女拥入怀中，对葆拉表姐的态度愈发亲切、和蔼。

在亲人的拥抱里，在浓浓的亲情中，葆拉表姐终于找到了困惑她们母女多年的问题——"我是谁？我从哪里来？"的答案。她打开话匣子，兴致勃勃地给父亲讲述了祖父在牙买加经商创业的故事，以及内尔·薇拉姑姑的家庭情况。还说，我们可以在"ancestry.com"网站她的家谱网页中，找到更多关于祖父的历史档案资料。父亲也向她逐一介绍国内亲人们的家庭状况。

2012 年，依照农历推算属壬辰龙年。对炎黄子孙来说，龙不仅是一种符号、一种意蕴，更是一种血肉相连的情感！无论在世界的哪个角落，"龙的传人"在血脉里永远都是中国人，都对故土心怀向往、魂牵梦绕。龙年里发生的这个百年离散、万里寻亲的传奇故事，迅速在罗氏宗亲中传开，大家在惊讶和高兴之余，对"血浓于水"这个词有了更加深刻的感受。

相机清晰地记录下这次血亲团聚的动人情景，葆拉表姐激动地依偎在碧玉姑姑和父亲身旁，两位老人的神情既兴奋又宽慰！（Marcia Haynes摄）

海外亲人们

　　8 月 15 日上午，在父亲等人的陪同下，葆拉表姐来到了位于深圳市龙岗区罗瑞合村的罗氏故居——"鹤湖新居"。

　　这座宏大的客家围屋，现已被当地政府开辟为"客家民俗博物馆"。葆拉表姐漫步其中，时而凝神仰望，时而虔诚参拜。她好奇地参观了每一间村屋农舍，深情追思先民和谐淳朴的乡村生活；认真细致地询问族谱中的宗支世系，努力理清自己的血脉根源。在向宗祠列祖叩首上香时，葆拉表姐心潮澎湃、热泪盈眶，不住低声祷告："妈妈，你看到了吗？我终于找到了外祖父，终于回家了！"

　　幸福的时光总是那么短暂，葆拉表姐的深圳之行就要结束了。话别

深圳龙岗大型客
家围堡——"鹤湖新
居"（陈武远摄）

之时，她向碧玉姑姑保证：一定会尽快联系吉尔伯特舅舅的儿女们，等
到龙年圣诞，罗·威廉姆斯和吉尔伯特家族一起回国认祖寻根！年逾九
旬的碧玉姑姑依依不舍地拉住她的手："我们已经分开得太久，以后永
远不要再分离了。"

　　我们在葆拉表姐的家谱网页内看到了她精心收藏的几十份关于祖
父的珍贵历史档案资料：1915 年到 1932 年的 18 年间，牙买加当地主
流报纸——《拾穗人日报》（The Daily Gleaner）有关祖父经商、捐款、
商店被人纵火、重建商店、诉讼、变卖财产等 28 篇报道；1920 年祖父
母在牙买加的结婚登记证明；父亲这一辈 11 个兄弟姐妹的出生证明（其

远渡加勒比
彼岸的祖父

远渡加勒比
彼岸的祖父

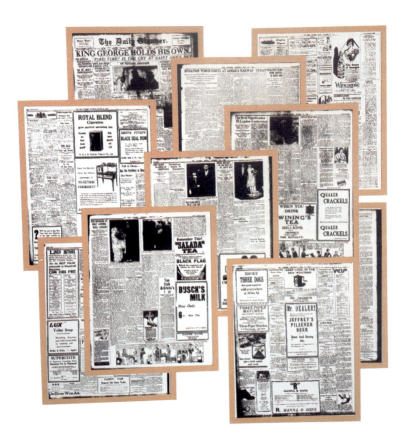

来自牙买加主流媒体
《拾穗人日报》（*The Daily
Gleaner*）的资料

中有3个兄弟在牙买加出生后不久就夭折了，连父亲都不知道）；以及1920年、1927年、1928年和1933年，祖父母多番往返于香港至牙买加的乘船记录……

这些资料使父亲更加确信内尔·薇拉姑姑的存在，也为多年来她的子女们为实现母亲寻找离散血亲梦想所做的不懈努力感动不已！

姓氏对于中国人极其重要，它表述的是一个氏族、家族永远纠结攀连的血脉维系和文化情感，强调的是一种归属感、认同感和清晰恰当的自我定位。人们常常会用一句很重的话"别忘了自己姓什么"，来提醒人不要忘本。葆拉表姐的内心深处也在迫切期待着中国亲人对他们身份的接纳和认同。回到美国后，她怯怯地向父亲提出一个请求：希望亲爱的舅舅能为他们兄妹三人分别取一个中国名字。几天之后，父亲经过深思熟虑，为艾瑞克（Elrick）大表哥取名"罗敏志"，霍华德（Howard）二表哥取名"罗敏坚"。其中"敏"为辈分排序，"志坚"寓意两人品格出众、意志坚定，也是褒扬他们多年来为寻找外祖父及其后人所付出的艰辛努力。为葆拉表姐取名为"罗笑娜"。"娜"字出自陶铸《松树的风格》文中"杨柳婀娜多姿，可谓妖媚极了"。

三个承载着亲人深深爱意的中国名字，让大洋彼岸的表亲们满心欢喜。他们对自己的身份产生了一股从未有过的强烈感受：我们不仅是非洲裔美国人、牙买加人，还是骄傲的中国客家人！

寻根，不光是对自我生命链条的认同，还是对先祖恩德的一种接受和承续。每个人都希望了解家族的来源，了解祖辈的历史。葆拉表姐回国后，很快联系上早泉伯伯居住在美国纽约布鲁克林的大女儿洛兰（Lorain，汉语名罗笑莲）和幼女安德莉亚（Andrea，汉语名罗笑丹）。听完表姐8月中国之行的感人经历，祖父罗定朝公海外的两支血脉后人达成了圣诞假期一同返回中国认祖寻根的共识。罗·威廉家族对这次"寻根之旅"尤为重视，组建了一支专业的摄制团队，准备拍摄纪录片《寻找罗定朝》（*Finding Samual Lowe*）。

　　作为祖父在世儿子中年龄最大，又是国内家族中最具亲和力、影响力的一位长者，父亲当仁不让地成了罗氏定朝公血亲"寻根之旅"的国内总指挥。在他的引领下，后辈的罗氏宗亲出钱出力，各自忙碌起来：我的女儿思萁和外甥女玉欣夫妇精通外语，负责海外联络和家谱初始资料的收集；细心的妹妹笑玲，专门负责海外血亲"寻根之旅"落地安排的具体事务；我从查阅历史文献、走访宗族长者、收集整理族谱家谱和相片资料开始，着手编辑制作《龙岗鹤湖罗氏定朝公家谱影集》。

FINDING
SAMUEL LOWE
FROM HARLEM TO CHINA

这部以罗·威廉姆斯家族觅宗寻根为主题，由美国威廉姆斯控股集团旗下非洲频道（Africa Channel）电视台摄制的《寻找罗定朝》（*Finding Samuel Lowe——from Harlem to China*）纪录片，2014年7月至8月间，率先在美国、加拿大及加勒比海的牙买加、千里达群岛首播引起轰动，倍受华人和非裔群体关注；2015年3月，该纪录片分别在加拿大多伦多和麦城国际电影节上荣膺最受观众欢迎奖；2016年3月，该片由美国驻中国大使馆推介进入北京、广州、深圳和香港四大城市首映，受到专家学者和热情观众的一致好评

圣诞寻根之旅

如果说 8 月的探访是一个开始，那么罗·威廉姆斯家族众亲和早泉伯伯后人的圣诞中国之行，则使这次寻根活动达到了高潮。

2012 年 12 月 21 日晚，夜幕深沉，风凉如水。罗·威廉姆斯家族亲人们搭乘的飞机顺利降落在深圳宝安机场。父亲不顾我们的劝说，坚持和先期抵达的洛兰及安德烈娅姐姐妹妹一起等在酒店门前。自 8 月份与葆拉表姐相认后，父亲经常独坐在临窗的沙发上，静静翻看膝头的几幅照片，翘首以盼骨肉团聚的时刻。我们非常理解老人心中的憧憬和期待，簇拥着陪他一起等候。

当葆拉表姐一行走下旅游大巴，出现在面前时，血脉里流淌的亲情令我们一眼便认出了彼此。突然降临的巨大幸福，仿佛已令时间停止、空气凝结。大家携手而泣、含泪相拥，深切感受着这份迟来的亲情。92 年的离别聚散，92 年的苦闷迷茫，92 年的思念牵挂，凝成一串串幸福的泪珠，化作一声声深情的呼唤！这天晚上，年近 90 的父亲精神矍铄、容光焕发；花甲之年的表哥表姐神采奕奕、面带笑容；几个孙儿蹦蹦跳跳、活泼可爱。虽素未谋面，却一见如故；虽语言不同，却言笑晏晏，所有人尽情分享着血亲团聚的欢乐。

"寻根"第一站是宗祠祭祖，行"追远"之礼。海外血亲和专程从广州赶来的亲人们，一起乘车来到深圳市龙岗区罗瑞合村的祖居——"鹤湖新居"。这座曾经的客家围堡，在成为"龙岗客家民俗博物馆"后，屋宇修葺一新，碉楼工艺精美，仿佛在骄傲地昭示它那显赫荣耀的宗族

远渡加勒比
彼岸的祖父

让我们感到非常高兴。

父亲在深圳瑞吉酒店迎接海外的亲人们（Africa Channel 供图）

鹤湖罗氏定朝公后人在鹤湖新居正门前合影

罗笑娜表姐上香祭拜

远渡加勒比
彼岸的祖父

042

定朝公海内外孙子在祖父故居前合影留念

海外血亲们在宗祠内，细心聆听鹤湖罗氏历史沿革的讲解（丘宇摄）

发展史。馆内收藏了大量极具特色的客家历史文物，有关客家人生产、生活及风俗习惯的史料介绍，让海外血亲对鹤湖罗氏的渊源有了更加直观的印象。亲人们纷纷在围堡门前合影留念，并在父亲的引领下，按照年龄大小顺序，叩首上香、拜祭祖先。

参天之木，必有其根；怀山之水，必有其源。92年过去了，异乡的游子终于可以停下疲惫的脚步，不再到处流浪；漂泊的心也找到了渴望的归宿，真正踏实下来。

祖父的故居已弃居多年，葆拉兄妹和笑莲姐妹依旧在这间普普通通的两层木制居室内流连了许久。木屋虽小，却是祖父奋力挣脱脐带、呱呱落地的所在；小园虽旧，却是祖父幼时与小伙伴嬉戏作耍的乐园，更是异国他乡、艰难打拼时须臾不曾忘的情之所寄。游子爱寻根，根为何物？根是你的血脉故乡。根在何处？根就是祖祖辈辈出生、生长的地方。罗瑞合村里的这间小屋，就是所有定朝公子孙的血脉之根。

晚风徐来，日影西斜，站在小屋中凝神外望：寂静禾坪边，月池平整如镜，白鹤杳然无踪；古榕枝繁叶茂，白云苍狗变幻无穷，将浮躁社会中的种种诱惑远远隔绝，人的心灵和精神都找到了一方安宁之地。

第二天行程紧凑。上午家前祭拜，行"追思"之仪。祖父在广州去世后，原本落葬于广州太和鹤山嘴太祖瑞风公陵墓旁，后因征地，重新安置在广州近郊的"中华永久墓园"。南国冬暖，定朝公的子孙数十人手捧鲜花，心情肃穆地来到了祖父陵墓前。陵墓占地约4平方米，呈半月形状，由雕刻着螭、凤、竹、菊等精美图案的花岗岩石块拼制而成。黑色大理石的墓碑上方镶嵌着祖父母的烤瓷相片，两位先人神态端庄、和蔼慈祥地凝视着子孙后人，下方鎏金碑文镌刻着"二十一世显考罗公定朝、显妣何氏瑞英墓"。

清理坟头，奉上祭品后，葆拉表姐和洛兰堂姐分别代表罗·威廉姆斯和吉尔伯特家族敬献鲜花，其余海外血亲也依次上香。在祖父陵墓前，伫立的海外表亲们失声痛哭、泪流满面。这哭声，哭出了三代骨肉的相思与离愁；这热泪，流下的是百年离散今日重逢的欣喜和激动！此时此地、斯情斯景，动人肺腑、感人至深！

下午在广州东方宾馆举行的"鹤湖罗氏定朝公后裔联谊会"，云集了八大家庭的海内外子孙一百余人，定朝公现存的5个长老子女悉数出席。这是祖父所传的8个家庭历史上最完整的一次聚会，是家族血亲团聚、拥抱亲情的一次世纪盛会。联谊会气氛欢乐祥和，许多动人情景令人难以忘怀。

吉尔伯特（早泉）伯伯的幼女安德莉亚（笑丹）代表族人，向正好94岁生日的碧玉姑姑献上祝寿的鲜花，两个离散92年的血亲家庭的亲情拥抱，博得亲人们的阵阵热烈掌声。投影仪播放的一张张祖父早年在牙买加生活、创业的珍贵历史文献和相片，让人难以置信，惊叹连连！

远渡加勒比
彼岸的祖父

显考罗公定朝、显妣何氏瑞英墓

海外亲人们来到位于广州中华永久墓园的祖父母墓前祭拜（玉志宁摄）

远渡加勒比
彼岸的祖父

定朝公后裔在广州
东方宾馆举行的"鹤湖
罗氏定朝公后裔联谊会"
的大合影（玉志宁摄）

海外亲人们出席"鹤湖罗氏定朝公后裔联谊会"时，接受长老们派发"利是"的欢乐场景（玉志宁摄）

众老表在罗碧玉姑姑94岁寿宴上尽情欢乐（玉志宁摄）

葆拉表姐心怀仙逝母亲的遗愿，凭借一种追根寻祖的文化冲动，多年来寻访，走遍了侨居美洲的鹤湖罗氏宗亲，翻阅查考了大量的历史档案资料，最终实现了血亲回归团聚的百年梦想，大家特别为之感念！宴会上，客家传统的"端酒认亲"与时俱进地变成了广东人的习惯做法派"利是"。5 大长老坐成一排，大表哥艾瑞克率领海外众亲人逐一接受"利是"，领受长辈的祝福。对此，海外血亲同样感到十分新奇有趣。葆拉表姐为国内表亲们带来她担任行政总裁的 WNBA 洛杉矶火花队球衣，大家都非常喜欢，这些球衣也成了日后老表聚会的专用服饰……

　　晚上，罗氏众亲友兴致勃勃地参加了碧玉姑姑的 94 岁寿宴。出席寿宴的宾客，大部分是祖父的子孙后人。海外晚辈以亲吻的方式向寿星祈福祝寿，国内晚辈则送上了表达"健康长寿，福与天齐"含义的"红包"。席间，"cousin"[英语中堂（表）兄弟姊妹的称谓]一词成了彼此交流离不开的"开场白"，我们开杯喝酒，热情拥抱，沉浸在喜庆和欢乐之中。寿宴结束前，碧玉姑姑的长子志文向每个家庭回赠了一个嵌有"福"字的工艺品，寓意家族众亲"百福具臻、后福无量"。

平安夜的白天，美国亲人们逛街购物，品尝深圳地道的风味小吃。晚上，我们应邀参加表姐夫的生日会，大家边吃边聊，又唱又跳，其乐融融地度过了一个终生难忘的平安夜。

我用生硬的英语向表姐夫敬酒："Happy birthday to you！"他礼貌地回答："Thank you!"将杯中美酒一饮而尽。爱好摄影的大表哥艾瑞克手捧平板电脑，向我展示前两天活动中他抓拍的许多精彩画面。无论是合照还是特写，大家都笑容真挚、情意满满。二表哥爱好运动，他特地向我介绍自己以内尔姑姑名字命名的游艇，真诚地欢迎我到美国旅游探亲。葆拉表姐对我整理编辑的《龙岗鹤湖罗氏定朝公家谱影集》赞不绝口，对其中内容提出了许多有益的修改意见。当她了解到我有将文字稿件修改完成后付梓印刷分派族人的想法时，当场表示愿意提供经济支持。

12月25日，美国亲人离开深圳前往香港，继续他们的圣诞之旅。我们拥抱话别，依依不舍。安德烈娅堂妹含泪对我说："我们一定会再次回来！"至此，等待了近一个世纪，跨越万里海峡的寻根之旅终于画上了美满句号。这次寻根之旅对我的影响巨大且深远。1967年祖父在广州过身，他的孙辈包括我在内，对祖辈们的历史一知半解，更没有想过求其甚解。然而，就在整理家族历史的几年间，我猛然察觉，虽然先祖的生命、经历已被时间和记忆的洪流淹没，但他们在生命过程中所体现的坚韧、乐观和超然，却已化为一种宝贵的文化财富，一直温暖着子孙后人的体魄和灵魂，永生在罗氏家族的忆念中。

　　血缘是根，文化是魂。祖父是我们这个家族的根，没有他就没有我们，只有知道了他的故事，才能激励后辈弘扬祖德，崇名务实，奋发向上，有所作为。

龍崗鶴湖羅氏定朝公
The Hon. Dingchao Luo (Samuel Lowe)
of Longgang Crane Lake
家谱·影集 Genealogy & Album

由罗敏军编著、罗思萁翻译、中英对照版的《龙岗鹤湖罗氏定朝公家谱影集》已于 2013 年 12 月付梓印刷，分派族人。2014 年 7 至 8 月，定朝公后人将此书作为礼品先后赠送给牙买加总督、总理和美国 NBC 电视台。

2013 年，父亲应海外血亲要求和帮助我编写《龙岗鹤湖罗氏定朝公家谱影集》一书，花费不少心血，先后为海外血亲起取中国名字：姐姐妮尔（Nell），取名"碧珊"。"碧"为女儿字辈，"珊"即"珊瑚"，意为美丽的珊瑚，寓意美丽和漂亮。因为牙买加为加勒比海上第三大岛，岛的周围生长着许多漂亮的珊瑚。哥哥吉尔伯特，取名"早泉"。"早"为男儿字辈，"泉"字寓意出生在牙买加，生活在牙买加，因为牙买加岛在印第安阿拉瓦克族语中，意为"泉水之岛"的意思。吉尔伯特 10 名子女中，3 名男性安东尼（Anthony）、格伦福特（Glenford）、唐纳德（Donald）分别取名"敏德""敏诚""敏行"寄语侄儿传承中国文化传统，践行儒家道德规范；7 名女性分别取名"笑莲""笑菊""笑兰""笑竹""笑桃""笑梅""笑丹"。"笑"为侄女字辈，以中国人酷爱的"莲花""菊花""兰花""竹""桃花""梅花""牡丹"七种花卉为其取名，象征圣洁、美丽、高雅、坚毅和祝福。吉尔伯特伯父唯一男孙安德尔（Andel）取名"嘉传"。"嘉"是鹤湖罗氏班字排辈，"传"意为罗氏传人、后裔

深圳晚报项目组制作的《影像
深圳家谱》第一季相册（罗敏军摄）

2014年12月30日，定朝家
族海内外后人在深圳庆祝家庭入选
情景（深圳晚报记者刘刚摄）

2014 年 和 2016 年
农历新年，海外血亲从美
国、加拿大、英国、牙买
加等地回国欢度春节合照
（定朝家族供图）

　　作者为写作《远渡加勒比》一书，2014 年和 2015 年曾两度前往牙买加实地采风。图为 2015 年 7 月 6 日，作者（右五）与堂哥敏德（左二）、敏诚（左四）、堂姐笑兰（右二）、堂妹笑桃（右一）、笑丹（左五）、侄儿嘉传（右四）、表姐笑娜（右三）、金月（左三）、女儿思萁（左一）在祖父一百多年前开办的，位于克拉伦登教区摩可小镇上第一间店铺门前合照（定朝家族供图）

远渡加勒比
彼岸的祖父

　　2014 年 7 月，来自中国、加拿大、英国、澳大利亚等国家和地区血亲 10 余人到美国旅游探亲时，受到罗·威廉姆斯家族热情接待。图为定朝家族部分成员在参观洛杉矶警察局时合影留念（美国洛杉矶警察局供图）

　　2014 年 7 月 25 日，来自中国、美国、加拿大、英国、澳大利亚等国家和地区血亲 20 余人，齐聚牙买加首都金斯敦西印度大学礼堂出席《寻找罗定朝》纪录片首映仪式。图为作者（右四）与女儿思萁（右三）、姐姐笑柳（右二）、导演兼制片人江明月女士（右一）、大表哥敏志（左三）、外甥女慧思（左二）、二表哥敏坚（左一）在现场合影留念（定朝家族供图）

客家族群并不是**一个独立的民族**，它源自中原，是汉民族内部的一个系统分明、**具有独特个性的分支族群**，也是汉民族在世界上分布范围广阔、**影响深远的民系之一**。

第二章
"龙岗罗"与鹤湖新居

"鹤湖罗氏"源流考略

先祖罗瑞凤公,是世代居住粤东嘉应州属兴宁县叶塘镇墩上围的客家人士。对于客家人的起源和称谓之来由等问题,曾有多位近现代学者进行过深入广泛的研究。学界公认的客家学研究大师罗香林先生在其著作《客家研究导论》里指出:"客家族群并不是一个独立的民族,它源自中原,是汉民族内部的一个系统分明、具有独特个性的分支族群,也是汉民族在世界上分布范围广阔、影响深远的民系之一。""客家人"这个称谓是源于闽、粤地区的先居土著对自宋朝以来始迁当地占籍汉民的专称。据其考证,从西晋永嘉之乱(311)开始,中原地区的汉民经历了5次大举南迁,先后抵达粤闽赣三地交界处,与当地土著居民杂处,互通婚姻,融合演化,才最终形成今天相对稳定的客家民系。客家人行走天下,移民世界,且在海外商界不乏成功者,有着"东方犹太人"之称。

《豫章罗氏源流考》称,罗氏得姓始祖部落郐源自中原(今河南密县),部首郐公,字匡正,为祝融(颛顼孙)之后。周武王三年(公元前1053),匡正因辅周伐纣有功,晋封子爵,建子爵国于湖北宜城,因其地有罗水,国号为罗。历24君至春秋时(前596年),罗国为楚国所灭,其子民被迫迁徙湖南长沙至湘阴一带。迄至匡正三十一世孙凌甫公,于周显王三年(前366)成功劝请秦国助兵复国。因宜城僻处山区,乃迁都枝江,又修辑家乘,子孙以国为氏。其后凌甫公之孙守陇公又于慎靓王元年(前320)由枝江再徙长沙。

《中华罗氏通史》载,匡正四十一世孙罗珠,字怀汉,号灵知(族称"珠系一世"），生于秦王政二年（前245），原籍湖南长沙府浏阳县东乡纯江人。公自幼聪明，游学潭州（今长沙），熟读诸子，精通经术。汉高祖五年（前202年），出守九江（江西府名），从灌婴侯筑豫章城（今江西南昌），并定居其地。因其筑城有功，汉惠帝六年（前189）擢为治栗内史（景帝初年，改治栗之官为大农令，故后世称为大农公）。子孙昌盛，根深叶茂，蔚为望族，罗珠遂成豫章郡望先祖。随着罗氏后裔迁徙衍播，逐渐形成豫章、齐郡、襄阳、河东、长沙五大郡望。西晋太康时（262），罗珠十三世孙罗塘公分派江西南昌柏林（今江西南昌县富山乡）。其曾孙均章公（十六世）生企生、遵生二子（十七世），一门忠孝，后人传颂，形成南昌柏林罗氏两大宗支。《中华罗氏通谱》称，至南朝宋明帝泰始（465—471）年间，长子企生公曾孙庆祖（二十世）携子景春（二十一世）迁入福建沙县，其后景春公长子万发（二十二世）于隋开皇十一年（592）转徙黄连峒（今福建宁化县）开基；次子遵生公传至景新（三十三世），因黄巢之乱，于唐乾符五年（878），随父仪贞公（三十二世）避居虔州府虔化县（今江西赣州宁都县），后由虔州迁入福建汀州府宁化县石壁洞葛藤村落籍。自此之后，历两宋、元、明、清朝代发展，福建汀州宁化成为客家人开基立业、繁衍迁播、孕育客家文化的"风水宝地"。

《中华罗氏通史》云：罗珠四十六世孙洪德公，字必元，号任郎，福建省汀州府宁化县石壁洞葛藤村人。生于南宋宁宗嘉定八年(1215)。登宋景定三年(1262)壬戌科进士。仕湖北咸阳县令，升抚州太守。配九妻，生十八子，后裔散居福建、广东、江西、湖南、广西、四川、台湾等地，悉皆显达。其中大一、大三、小三、小六、大六、伯七、小九等房头子嗣，不少占籍广东兴宁各村镇。

据《兴宁东门罗氏族谱》载，洪德第十八子小九公（八妣蒋氏出），名君姿，字盛龄。生于南宋理宗景定二年（1261），原籍福建宁化石壁洞葛藤村，派分江西宁都鸦鹊林。南宋末，由贡生任广东循州学正，任满回家，道出兴宁，见其山川秀美，地旷人稀，沃野千畴，乃与兄佰七筑室县城东郊落业（即今宁新镇东风九厅十八井，意为纪念洪德公九妻十八子之盛事，世称"九厅楼"）。小九公被奉为肇建兴宁东门罗氏开基祖。

小九公生有三子：长子振翰，次子新翰，三子升翰。次子新翰公七世孙维公生八子，族称左八房；三子升翰公六世孙八人合称右八房。皆分房立派，遍布兴宁各地。其中右八房七世孙源公之子枫树罗公，于明朝成化初年（1470）迁入叶塘墩上占籍。罗瑞凤公便是兴宁东门罗氏小九公的第十六世孙。

广东省兴宁县叶塘镇下洋村墩上老围今貌。先祖罗瑞凤公，是世代居住粤东嘉应州属兴宁县叶塘镇墩上围的客家人士（宗彦罗瑜富供图）

远渡加勒比

族外的祖父

"凤止龙岗"

清乾隆二十三年（1758），他拜别亲长，出走墩上，布衣荷担、挈妇将雏，举家迁往三百多公里外的惠阳县龙岗镇开基创业，奠定了龙岗"鹤湖罗氏"百年基业之始。

自瑞凤公南迁至今，"鹤湖罗氏"家族繁衍11代，裔孙遍布全球。一年多来，我多方查阅文献资料，拜访散居各地的族人长老，找寻所有与家族历史有关的点点滴滴，希望能从这些记忆碎片中拼凑出"鹤湖罗氏"二百多年来的大致轮廓。

我们熟知的历史，通常是大人物、大英雄的舞台。想要从历史的熙攘川流中，找到好似开基先祖瑞凤公这般普通人留下的痕迹，实非易事。

幸运的是，2001 年 5 月，世居广东省兴宁县叶塘镇下洋村墩上围的罗氏远亲，带着精心保存的四册《罗氏族谱》，前来深圳联谱。我欣喜地在族谱中发现下面这段文字：

> 瑞凤公，十五世子拔公次子也，世居邑之墩上村，于乾隆二十三年徙居惠阳县属之龙岗墟。初为小贩，善观时变，能与僮仆同其苦乐。居久之，致赀百万，购田万顷，置商肆一百余间。于龙岗筑鹤湖楼，回廊复道，气象壮阔，谈者比之郡城。子三人，长国文公，字廷龙；次国章公，字廷贵。兄弟佐父创业，具著劳绩而性皆慈惠，遇圮桥弟，必集赀修治，习以为常，不矜其德。道光间值岁大荒，饥民载道，公兄弟殚力赈济，全活甚众，乡里啧啧称道，以为聚而能散，有古风云。

这篇《瑞凤公小记》，不足三百字，却生动传神，是研究"鹤湖罗氏"迁徙创业、拓展壮大，子佐父业，积德行善最珍贵的历史文本之一，也是罗氏子孙们解读家族历史最好的引子。

客家客家，自是处处是客，又处处为家。自古道"物离乡贵，人离乡贱"，瑞凤公举家搬迁之时，已近天命之年，究竟为何他毅然决然背井离乡、从头再来？

翻开客家历史，千百年来，因为战乱，也因为灾荒，客家人自北向南、从中原到边陲、由平原遁入山川，经历了一次又一次的大迁徙。其中，清代客家人的迁徙是规模最大、地域最广、影响最深的一次。客家历史研究专家张卫东先生认为，清初实行的"迁海复界"政策是引发清代客家人大迁徙的主要社会原因之一。

清政府于顺治十二年（1655）和顺治十八年（1661）颁布"禁海令"与"迁界令"，强令北起辽东南至广东的沿海居民内迁 50 里；康熙三年（1664）颁令"再迁"——向后再退30里。1683年，台湾平定之后，清廷宣布废止"迁界令"，全面复界；康熙二十三年（1684）解除"禁海令"，康熙皇帝降旨招民复业，奖励拓荒。与此同时，生活在闽粤赣交界山区的客家人，经过明代的休养生息，人口急剧增加，正为地少人多所困。在朝廷及地方一系列招垦劝农政策的感召下，部分居住在粤东北及闽赣地区的客家人，开始向广东惠、潮及南路各县的沿海地区大规模迁徙。刘丽川老师在《深圳客家研究》第2页指出，"深圳（包括香港九龙、新界）的客家是'迁海复界'造成的疆域最清楚、人口最集中、发展最成功的新客家地区，因而成为客家第四次大迁徙运动中的一个典型，也是客家民系形成之后向外播迁发展的一个典型"。这次迁徙可以说是客家史上所称"第四次大迁徙"的重要组成部分。先祖瑞凤公正是在这股历史洪流的挟带之下，身不由己地加入浩浩荡荡的南迁大军。

深圳龙岗客家民俗博物馆出版的《鹤湖新居》录有"鹤湖罗氏"第五代孙清末秀才罗裕杰写过的一副对联：

瑞微罗国派衍豫章湘水展模猷历代英雄昭史册，
凤止龙岗谋成东莞鹤湖兴厦宇千秋勋业冠人寰。

这副以"瑞凤"藏头的对联高度概括了"鹤湖罗氏"的渊源及发展。上联描述罗氏自周代匡正公始封罗国，后人以国为姓，至汉代罗珠建豫章城，发展而成豫章宗派，世代人才辈出。下联歌颂"鹤湖罗氏"自瑞凤公始扎根龙岗，东莞发迹，之后兴建规模宏大的鹤湖新居，为后世子孙开基立业的创业史。

对联中的"凤止龙岗"，还蕴涵着族人口耳相传的一个有趣故事：当年，罗子拔公（瑞凤公之父）将长子瑞斌留于家中撑门立户，让次子

远渡加勒比

彼岸的祖父

鹤湖罗氏宗祠中厅悬挂先祖小九公画像，堂联清晰可见（玉志宁摄）

瑞凤和三子（名不详）出外谋生、另立门户。临行前，按客家风俗，请来风水先生指点一二。风水先生让兄弟俩各自抱上一只公鸡上路，公鸡最先在哪里打鸣，哪里就是宜居之地。瑞凤公之弟所抱的公鸡，走到四川才肯打鸣，于是"天府之国"成为罗氏旁支族人的安身立命之所。而瑞凤公一路南行刚到龙岗地界，公鸡便放声鸣叫，全家人便停下脚步，在此定居发展。古人将能扇起风的公鸡称为"凤"，故作"凤止龙岗"之解。

弃农从商改变家族命运

初到龙岗的瑞凤公，身处异乡，无地无产，只好开垦荒地，拓展农耕。客家人的土地在山边，无论是水作，还是旱作，能够旱涝保收、自流灌溉的田地不多；大部分田地，都"望天打卦"，"靠天吃饭"。务农维生的瑞凤公，饱尝其中辛酸。关于瑞凤公如何勤俭起家？族人中流传着这样一个故事，说瑞凤公当年和瑞凤婆来到龙岗，白手起家，非常节俭。瑞凤公每天出门干活儿，都要带一块用盐水泡过的鹅卵石，中午在田间地头吃午饭，就把鹅卵石拿出来舔一舔，当下饭菜。此外，他还会带一块土砖，在外面小解的时候，会尿到土砖上，回到家里再把土砖敲碎，撒到田里做肥料。罗家人世代流传这个故事，就是希望后人能够记住祖先创业的艰辛和"财从俭中来"的道理。

为摆脱困境，"聪明睿智"的他"善观时变"，经过深思熟虑，决定弃农从商，到龙岗墟市（客家人把交易粮食、日用品的集市称为"墟"）找门小生意做。对于历来"重农抑商"的客家人来说，这个决定不同寻常，更是个了不起的突破，直接促成"鹤湖罗氏"家族命运的根本转折。

早在龙岗开埠之时，龙岗墟就是当时为数不多的几个墟之一，而且也是最为热闹的一个墟。每逢墟日，墟上人头涌涌，乡民从四面八方云集而来，小商贩高声叫卖，商品琳琅满目，从农具、针头线脑，到酒水吃食一应俱全。不过，瑞凤公初来乍到，家无恒产，手头根本拿不出多少本钱来。真是一文钱难倒英雄好汉！连赶几个墟日，瑞凤公对做什么生意还是毫无头绪，坐在家中左思右想，颇费思量。公妻张氏十分贤惠，

远渡加勒比
彼岸的祖父

客家娘酒香飘万里，其制作历史悠久，方法独特，是客家人极具代表性的佳酿。制作过程大致如下：将糯米放入水缸中浸透，捞起沥干，再倒入饭甑里蒸成糯米饭。将饭摊开，待温度降至20度左右时，撒入米糠、中药细末等发酵而成的酒饼，均匀搅拌，然后放进酿酒缸。拌好的糯米饭中留一小井，盖好缸盖，将缸放在草篓中，使糯米饭充分发酵。一昼夜后，开盖闻气味，以辨别酒饼是否起作用，如无酒味则酒饼无效；如有明显酒香，可知酒饼有效，即可继续酿制。三四天后解开缸盖（冷天则需要更长时间），浓香四溢，小井中已有从酒糟中泌出来的清澈酒液，谓之娘酒。其酒味芳香醇厚，入口绵甜，有和血行气，滋补健身之功效。娘酒是客家人节日、礼仪庆典中必备的饮品，也是许多客家人谋生的手段。

龙岗客家民俗博物馆以"客家酿酒作坊"为主题做了部分场景复原，作坊内的物品大部分为罗家旧物，多是典型的客家酿酒工具（深圳市龙岗客家民俗博物馆供图）

看到良人长吁短叹、愁眉不展，为他端上一碗自家酿造的娘酒。一口娘酒入肚，瑞凤公若有所悟：客家娘酒有活气养血、活络通经、润肺之功效，深饮浅尝皆可，男女老少咸宜；罗氏家传的酿酒手艺十分不错，喝过的乡邻都称赞不迭；再者酿制娘酒用的糯米自家田中就有出产，无须太多本钱，不如下个墟日就挑担娘酒去碰碰运气。

　　客家有句俗语叫作"蒸酒磨豆腐，唔（不）敢逞师傅"。意思是说虽然酿制娘酒过程步骤都不复杂，但要酿制出一瓮正宗地道的娘酒，从蒸糯米、拌酒饼到发酵、炙酒杯，每一步都要谨慎小心，即便做了几十年的老师傅也不敢大意。

　　"罗氏娘酒"选取自产优质糯米，佐以清甜纯净的山泉水，以家传传统工艺酿造，跟墟上其他人售卖的娘酒相比，更香气四溢、清纯甜润。赶墟的乡人都喜欢喝上一碗，既提神解乏，又解渴消暑。春去秋来，瑞

凤公在墟市上的生意一天比一天好。加上他肯吃苦、讲义气，又生活勤俭、诚信经营，生意越做越旺，财富不断积累。几年后，便在东莞凤岗塘沥开办了名为"瑞合号"的固定商号。在长子国文公、次子国章公

罗家水碾榨油设备（深圳市龙岗客家民俗博物馆供图）

的辅佐下，瑞凤公在东莞、龙岗等地相继开办榨油、榨糖作坊，全面铺开以宗族为缘的商业经济运作网络。深圳龙岗客家民俗博物馆所编著的《鹤湖新居》第27页写到，"在既无资本、又没经验的情况下，瑞凤公白手起家，利用客家传统的酿酒手艺，一靠智慧，二靠诚信，三靠勤俭，从小贩做起，往来于龙岗、凤岗（属东莞）之间，挑担赶墟，经过多年发展，在凤岗塘沥创办瑞合商号，成为远近闻名的商人"。

杨宏海在2004年第4期《特区理论与实践》有关《深圳客家民居的移民文化特征》一文中介绍，19世纪初叶是"鹤湖罗氏"的鼎盛时期，当时龙岗墟镇内八成商铺，都归罗氏族人所有。刘丽川老师在《深圳客家研究》第58页提到，罗氏家族"拥有的土地更是遍及惠（州）、东（莞）、宝（安）地区，如：惠州的惠阳，东莞的塘厦、清溪、塘沥，宝安的南联等地"。其业之繁盛、财力之雄厚可见一斑。

甚至，龙岗墟镇的发展和繁荣与"鹤湖罗氏"的兴起都有着密切的关系。经过实地考察和现有历史资料分析，我认为此言非虚。从时间节点简单对比，"鹤湖罗氏"商业活动的鼎盛时期，正是深圳龙岗地区自"迁海复界"以来"经济繁荣，文化发达"的辉煌时期；而"鹤湖新居"的落成，又与"龙岗罗"走向"农商结合"繁盛时期相应。我们知道，客家墟场多为宗族所控制，宗族一方面依赖于血缘关系和地缘因素，一方面通过宗祠与严厉宗法，来保障墟市中小额商品交易双方的权益。这种广泛应用的良性信用观念，有效地降低了货币支付频率，提高了商品流转速度，成为当时龙岗农村商品经济发展的助推器。比如"鹤湖新居"围屋内的"便利店"就主要采用赊账簿记方式经营，购买者随时取货（甚至关铺以后），店主在约定日期收取货款。耕播时分，如果农民手头拮据，却又急于播种施肥，镇上店主会赊出种子和肥料，待收成之后再收钱粮。"瑞合号"榨油坊的经营方法即是如此：农民送来定量花生，几天后取回相对定量的花生油，质量绝对保证，从不缺斤少两。

　　罗家曾经在东莞创办榨油坊，据人讲，罗家油坊出产的油质量上乘，因此生意极其兴旺，这里的收入是罗家主要的经济来源之一。

　　罗家榨油坊采用"盘碾锤撞"的古老榨油方式。利用水力带动碾盘转动的榨油坊，称为水碾榨油坊。水碾榨油设备主要包括水车、碾盘、油槽木、撞锤等，榨油的程序主要有焙、碾、蒸、撞，比较复杂。这种古老榨油虽然不及现代工艺的高效快捷，但是更能带出油料的原汁原味。撞锤声声憨，出油滴滴香，古法榨油不仅榨出的油醇香非常，而且榨油的场面也是妙趣横生。（深圳市龙岗客家民俗博物馆供图）

龙岗鹤湖新居全景图（深圳市龙岗客家民俗博物馆供图）

鹤湖新居建成

　　瑞凤公经商致富之后，受客家"聚族而居"的文化传统影响，于乾隆四十七年（1782）在龙岗南联兴建新居。这座名为"鹤湖新居"的客家围屋，由两重院落组成，占地面积 25,000 平方米，建筑面积 21,000 平方米，是深圳地区现存最大的客家围屋，规模宏大，"比之郡城"。据说原来此地周围水草丰美，物产丰富，其间有一汪水池，水质甘甜澄澈，源流不竭，鱼虾嬉游其间，吸引群鹤年年汇集于此，栖息繁衍，景观优美，"鹤湖新居"亦因此而得名。

　　读到此处，可能有人会问：鹤湖罗氏既有新居，就必有旧址，罗氏家族之前的落脚地在哪里？原来瑞凤公初到龙岗时，手头拮据，只能在老街塘唇巷的马福头租房居住。转做酿酒生意后，小有积蓄，便在上墟石桥头处盖了内有十余间住房的"上墟围"。嘉庆年间，罗家的年轻人与混进围内偷龙眼的曾姓人发生冲突，出了人命。刘丽川老师在《深圳客家研究》第 59 页讲述了鹤湖新居建成之初的故事。"为了平息事端，躲过官府法办，生意越做越大也越来越霸气的罗家干脆将'上墟围'赔偿给了苦主，举家搬进了尚未完工的鹤湖新居"。

　　鹤湖新居经罗氏瑞、廷、兆三代人努力，历乾隆、嘉庆、道光三朝而成。内围始建于乾隆末年，嘉庆二十二年（1817）建成，呈方形；外围于道光年间落成，呈不规则梯形。面北居中处为恢宏气派的正大门，门楣之上"鹤湖新居"四个显赫楷书题字，潇洒飘逸、气局轩昂，右侧有小字题云："嘉庆二十二年岁次丁丑仲秋月吉国"，距今已有 200 余年了。

俯瞰鹤湖新居一角

鹤湖新居正门

（罗敏军摄）

正门过厅之后是白灰细砂粉砌的门楼牌坊，饰以人物故事、亭台楼阁的图案雕饰，上书'亲仁犹在'，背书'聚族于斯'。"

饶小军在香港出版《〈A＋D〉建筑与设计杂志》1999年刊载的《亲仁犹在，聚族于斯——龙岗镇罗氏宗族及其"鹤湖新居"》一文中如此描述鹤湖新居，"沿鹤湖新居的正中轴线上的层层叠叠的空间院落，是整个家族活动的中心，依次形成了正门、过厅、牌坊、下堂、中堂、上堂的典型格局……"

深圳市龙岗客家民俗博物馆出版的《鹤湖新居》第33页提到，嘉庆元年（1795），"鹤湖新居"内围还没有竣工，瑞凤公就去世了。瑞凤公与妻张氏育有三子：长子廷龙，次子廷贵，三子廷祥。三子成年后分别立家：长房堂号"三庆"；二房堂号"五桂"；三房又称满房，堂号"满庆"。三个儿子继承瑞凤公衣钵，不断扩大罗家产业，并秉承公之遗志继续修建围屋。

"鹤湖罗氏"经过开基祖两代人胼手胝足地苦干，筚路蓝缕地创业。到清乾隆末年，宗族人口大盛，经济上也有了一定基础，开始着力培养子弟读书进取。

"崇文重教,耕读传家"是客家人根深蒂固的传统观念，"朝为田舍郎，暮登天子堂"是每个客家男子的终极梦想。客家父母望子成龙，特别看重读书，不管家境多困难，哪怕讨饭也要供子弟入学，素有"茅屋出状元"之谚。到过客家地区游玩的人都会发现，在一些大型的宗族祠堂前立有许多石旗杆，这些石旗杆是族中子弟中举人、中进士的标志，更是客家人崇文重教的明证。

翻阅《鹤湖罗氏族谱》（重修本），二房廷贵公次子兆熊公，十余载寒窗苦读，叩开了科举考试的大门，被朝廷选为广州府儒学正堂，给罗氏列祖列宗带来无上荣光，更在无形之中提高了罗氏宗族的社会地位。

罗兆熊公画像（罗林虎提供）

宗祠中厅全景图（深圳市龙岗客家民俗博物馆供图）

兆熊公为官公正，恪尽职守，还热心公益，尽显客家人"达则兼济天下"的精神，曾获道光皇帝御赐"大夫第"牌匾一块，族人将其悬挂于宗族祠堂之中。二房廷贵公四子兆槐公参加广东乡试，高中武举人，族人为其在"鹤湖新居"禾坪面对大门的右边树立旗杆石，至今犹存。

根据刘丽川老师《深圳客家研究（第二版）》第172页撰述，此外，罗氏第三至六代的各房子孙中，获品封者达20人之众（其中绝大多数为"捐纳"者。清代

　　宗祠后厅是鹤湖罗氏的祖堂。该厅明间面向天井处敞开，不设门，内设大型神龛，上挂"诒燕堂"匾额，中间供有罗氏祖先牌位。每逢节庆，祭祀等特定日子，罗家人便到这里拜祖祈福。

　　"诒燕堂"，典出《诗经·大雅·文王有声》："诒厥孙谋，以燕翼子"，寓意为子孙谋划，福荫后人。图为鹤湖罗氏祖堂——"诒燕堂"（深圳市龙岗客家民俗博物馆供图）

月池旁古榕树下的"旗杆石"（罗敏军摄）

远渡加勒比 彼岸的祖父

　　道光十四年，为表彰罗兆熊公在赈灾中的功绩，皇帝御赐"大夫第"
匾一块。罗家将之挂在祠堂之中，代代相传。这块匾现为国家二级文物，
现为深圳市龙岗客家民俗博物馆馆藏（深圳市龙岗客家民俗博物馆供图）

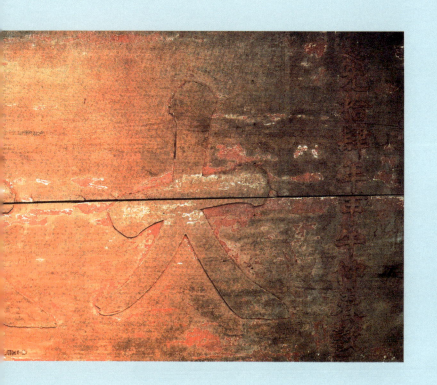

盛行"捐纳"制度，"捐纳"就是政府在财政急需时，如发生灾害、战争等，要求有钱的士大夫或商绅资助，根据"捐纳"的多少官府给予不同的官职与学衔）。至此，经过前三代人的艰苦创业，"鹤湖罗氏"成为既有田产，又有商号，还有功名的乡间缙绅，是当时龙岗根深实茂、势力强大的豪门望族，人称"龙岗罗"。

　　1969年夏天，为躲避广州武斗动乱，12岁的我跟着哥哥们，人生第一次回到老家罗瑞合村。虽然之前对家乡一无所知，但

罗氏宗祠正门（深圳市龙岗客家民俗博物馆供图）

远渡加勒比

彼岸的祖父

打记事起，广州城里祖父的那幢两层半唐楼，讲客家话的罗瑞合村乡亲便来来往往、络绎不绝。既然敬爱的祖父是来自罗瑞合村的客家人士，身为他的子孙，我对自己的客家人身份打心眼里感到自豪。在祖宅"鹤湖新居"迷宫一般的高墙深院内，我度过了一个终生难忘的愉快暑假！白日里，与小伙伴们呼喊、奔跑着，徜徉在青山绿水、松风鸟语之间；晚照下，围屋前蜻蜓成片低翔，薄而透明的翅膀闪着幽光；夜色中，月娘皎洁澄明，耳畔虫鸣唧唧，晚饭时偷饮下的半杯醇厚"酒娘"，禾坪竹席上的小小少年一醉经年。

今天，我再次走进这历经百年风雨、红漆斑驳的厚重木门内，重新打量和抚摸这一段历史：虽然岁月的烟云早已抹去昔日舂米打油、鸡鸣狗吠的世俗热闹，但凝神屏息间，镌有"亲仁犹在，聚族于斯"的牌坊寂静冷然，仿佛仍在无声倾诉"鹤湖罗氏"二百余年来的风云变幻、往事浮沉。

轮船终于到达金斯敦，因为旅途疲劳和营养不良，**乘客们一个个都瘦得脱了形。**虚弱不堪的祖父提起行装，头也不回地踏上牙头加这片凝聚**无数华工血汗**，也改变了他一生命运，留下无数动人传奇和**温暖记忆的拉美沃野！**

远渡加勒比

彼岸的祖父

"富不过三代"的魔咒

在中国近代的社会政治经济文化中，"家"、"国"命运息息相通，密不可分。家是国的缩影，国是家的放大。俗语亦云，"大河有水小河流，大河无水小河干"。在动荡的时局中，谁能独善其身？纵观"鹤湖罗氏"百余载沧海桑田，其兴衰起落莫不与国家命运相连。

"康乾盛世"之后，清朝统治下的中国封建社会逐步走向衰亡。1840年，鸦片战争爆发，社会经济凋敝，无业游民骤增，社会矛盾不可调和，中国不可阻挡地走向衰落。身处内乱频仍、外患渐逼中，大清朝

伫立于月池旁边的古榕树，是龙岗鹤湖罗氏百年兴衰起落的历史见证者（玉志宁摄）

这艘巨大的龙船随时会有船覆人亡的危险。1842 年，清政府被迫签署《南京条约》，福州、厦门、上海、宁波和广州港被迫对外开埠通商。此后，外国商品逐步占领中国市场，打破了农村传统的自然经济体系，中国的民族资本主义工商业在本国封建势力和西方资本主义的夹缝中开始崛起。在这个经济转型的关键时点，"鹤湖罗氏"子孙未能如祖辈一般"善观时变"，错失顺势转型良机，开始由盛转衰。

刘丽川老师在《深圳客家研究》一书中对此有详述。虽然"龙岗罗"

远渡加勒比
彼岸的祖父

第四、五、六代子弟中，仍有少数能考取功名并在事业上有所建树：如满房第四代罗慕麟（品封：国学生、武生）在龙岗墟上另建龙和世居（现深圳市龙岗区长途汽车站旁）；民国时期，第六代罗秋航创办运输股份公司，垄断了龙岗地区的运输业。但微末萤火之光与"龙岗罗"鼎盛时期的影响力相比，实不能同日而语。

孟子曰"君子之泽，五世而斩"。有人说"道德传家，十代以上，耕读传家次之，诗书传家又次之，富贵传家，不过三代"。罗氏长房、二房的不少子孙摈弃了客家人"耕读传家"的优良传统，平时养尊处优、好逸恶劳；更有甚者开始沾染鸦片，五、六代的各房后人有一些染上了毒瘾。

鸦片的流入让中国民众蒙受了无比深重的灾难。据估计，至19世纪30年代，中国吸毒人数已达到300万。根据托比·马斯格雷夫、威尔·马斯格雷夫著，董晓黎译的《改变世界的植物》一书的数据，20世纪初期，有27%的成年男性吸食鸦片；1906年鸦片的消费量已达39,000吨。陷入毒品人数之众，是人类历史上前所未有的。众多烟民吸食鸦片，钱财耗尽，家破人亡，其祸害犹如洪水猛兽。刘丽川老师在《深圳客家研究》中提到，鸦片战争时期，鸦片经由香港、澳门等地运入惠州，以惠州为"中转站"，分销到东莞、东江上游、海丰、陆丰及韩江各地。地处香港至惠州必经之路的龙岗地区，自然而然成了毒魔泛滥的重灾区。

这些不肖的罗氏子孙终日沉湎于"抽大烟"（吸食鸦片）、"搓牌九"（"牌九"是客家人常用的一种赌博工具）、"打豆豉"（惠阳客家人把开"大吃会"称作"打豆豉"），并以此斗富，大肆挥霍祖上历经艰辛才积累下的家业。围堡内弥漫着一股颓废衰败之风，并且愈演愈烈。直至在鸦片、赌博的双重冲击下，赖以维系宗族"聚族而居"的基础开始瓦解，家业凋零、子孙星散，无情地应验了"富不过三代"的魔咒。

逃渡加勒比
彼岸的祖父

鹤
湖
新
居
一
角

乙
丑
冬
写
生
志
友

衰败初露的鹤湖新居一角（曾志友画作）

祖父暗立大志

位于鹤湖新居内祖父的故居（玉志宁摄）

我的祖父罗定朝，字济生，1889 年 10 月 19 日出生于广东省惠阳县龙岗镇罗瑞合村，是瑞凤公的第六代孙，长房廷龙公次子兆荣公之后，长"二房"的传人。据《鹤湖罗氏族谱》（重修本）记载，兆荣公长子晋厚公（第四代），也就是我的曾曾祖父，已无功名，成为依赖祖荫、无所建树的"食利"之辈。而我的曾祖父，晋厚公长子裕修公（第五代）年轻时染上了"毒瘾"——吸食鸦片，年仅 44 岁便驾鹤仙归。他们平日里守着祖田靠收租度日，遇到喜庆祭祀等重大事件，就得典当或变卖田地以应付开支。裕修公与妻子叶氏共生三子：长子献朝，次子定朝，幼子仕朝（过房于裕修公三弟裕传公为嗣）。

祖父降生时，客家围堡虽仍名噪一时，但"鹤湖罗氏"家道衰落、日趋式微已成定局。听着祖辈创业辉煌历史长大的祖父，年方 15 便拜师学艺，自力更生行走社会。客家男人天性具备开拓精神、爱冒险，个个"情愿在外讨饭吃，不愿在家撑灶炉"。目睹族亲吸食鸦片、沉迷赌博的荒唐行为，祖父既怒且悲，心酸不已。他志存高远，心中酝酿着一个"中兴家族、实现自身发展"的远大目标。

早在光绪年间，一批对家族命运充满危机感的罗氏青壮后生，就开始沿着客家"第五次大迁徙"的足迹，远赴南洋、美洲，开创新的谋生之路。

客家人"第五次大迁徙"始于晚清年间。当时中国东南地区客家居住地经过数代传承后，人口急剧膨胀，土地兼并现象严重，耕田面积严重不足，为争夺有限的生活、生产资源，粤中地区发生了持续 12 年的土客械斗。加上洪秀全领导的太平天国运动失败后，以客家人为基本队伍的起义军遭到清政府的无情剿杀，大批客家人为求生计，纷纷逃匿，远走他乡。

19 世纪初，非洲黑奴贸易被废除，西方殖民国家在美洲地区大力拓展的种植园、采矿和铁路运输业，急需大量劳动力。张卫东、王洪友在《客家研究》中对此有详述。广东台山和惠（阳）东（莞）宝（安）等沿海地区客家移民中的先驱者，开始以"契约劳工"的身份漂洋过海来到那里从事苦役。部分侨民在契约届满之后，留在当地继续谋生；个别精英分子逐渐站稳脚跟，成为当地望族。罗英祥在《漂洋过海的客家人》一书中也谈到，故里侨汇纷沓而至，新屋幢幢拔地而起，吸引了更多宗亲族人前赴后继、接踵而往，迁徙的浪潮一直延续到 20 世纪初叶。

客家祖先源自中原，文化民俗始终保留上古遗风，"长子不外出"

便是沿袭自西周宗法"嫡长继承制"的风俗之一。因此，身为家中次子的祖父，在征得曾祖父母同意后，于1906—1910年间，跟随二房叔伯兄弟罗仕基等人离开家乡，踏上了越洋谋生的万里征程。由于族谱资料未有记载，也没有找到相关登船记录，我只能按照时间大概估算。

"鹤湖罗氏"始出南洋者为谁？由于族谱失存，现已无从查考。但考证早年侨居印尼的堂伯父罗玉珍（二房后裔）1931年整理的资料、手记，19世纪末20世纪初，罗瑞合村确有下南洋者。他们是二房第五代的罗杨舞、罗铭舞，第六代的罗远基、罗寿基、罗梓基、罗燕基、罗盘基等。父亲说，祖辈口传曾祖父裕修公二弟裕九公的次子罗谦朝，就死在了马来西亚。

客家移民有的是在家乡难以维生，不得已流放异乡；有些则是雄心万丈，有意到海外寻求机会。"鹤湖罗氏"族众出洋，绝大部分是自愿出国谋生。而且罗氏宗族犹在，"烂船还有三斤钉"，后人不至沦落到去当"猪仔"或"契约华工"。母亲记得，祖母曾经讲过祖父是向"太公"借取路费去牙买加的。

"太公"是罗氏家族中负责管理"公尝"收入的总理。深圳市龙岗客家民俗博物馆主编的《鹤湖新居》记录了罗氏的"公尝"收入，"鹤湖新居周围原来也有大片良田。每逢收获季节，罗家人将稻谷集中在禾坪上晾晒。罗家有公田，公田的收入用在家族的公共开销上，比如每年的扫墓费用、办学费用等，这些事务均由家族总理管理"。客家人把先祖所留各房共有、专供祭祀用的祖产称为"烝尝田"制度（"烝尝"一词源于上古，本指秋冬二祭。后亦泛称祭祀。汉董仲舒《春秋繁露》云："享鬼神号一曰祭。祭之散名，春曰祠，夏曰礿，秋曰尝，冬曰烝。"）。华南理工大学的杨星星在其博士论文《清代归善县客家围屋研究》中解释了"烝尝"概念。"烝尝"通常指耕地，称为"公尝田"。大家族的"烝尝"还包括山林、果园、店铺或学校等不动产。"烝尝"的收益用于祭祀、

堂伯父罗玉珍
1931年整理资料的手
记文本（罗敏军摄）

支持族内办学和其他公益事业，是
宗族开展全族公共事务的经济保证。

　　罗家"公尝田"的收益主要用
于家族的公共开销，如每年扫墓、
办学的费用等。也因如此，比起那
些身无分文卖"猪仔"的劳工，可
以从公中得到一笔路费的"鹤湖罗
氏"出洋子弟要幸运多了。因为"猪
仔"们赚得的血汗钱，绝大部分要
先拿去偿还"蛇头"的高利贷。

去牙买加的"地狱"之旅

    罗氏族人何时首次踏上西印度群岛的土地？美洲地区完善的档案管理体系，为我溯本求源提供了莫大方便。依据现存的众多历史资料以及学者的研究文献，我大概推算出第一批罗氏族人到达牙买加的时间。

    英国档案表明：第一批牙买加华人直接来自中国。他们与一位圭亚那的英国移民代理商詹姆斯·怀特签订劳工合同，乘坐的是埃普索姆号（Epsom）轮船。该船于 1854 年 4 月 21 日满载着 310 名乘客从香港驶往牙买加，途经印度尼西亚的爪哇群岛，绕过非洲大陆最南端的好望角，停靠非洲西部海岛城市圣·赫勒拿（Saint Helena），然后跨越大西洋抵达牙买加，全程历时 118 天，途中死亡 43 人，有 267 人最终到达了目的地。这次航行被认为是"英国鼓励直接而自愿的雇佣合同移民的第一次尝试"，这些移民成为牙买加的第一批华人定居者。他们来到牙买加之后，被安置在克拉伦登（Clarendon）和金斯敦附近的开曼纳斯（Caymanas）种植园里工作，并很快与同年 11 月来自巴拿马的"吸血鬼"（Vampire）和特雷莎·简（Theresa Jane）两艘轮船上的 205 名华工会合。在这 472 名到达牙买加的华人中，267 人是来自香港的合同工，而其余则是来自于巴拿马的契约华工。在第一批到达者中，未见鹤湖罗氏族人记录。

    第二批中国劳工主要来自加勒比海的其他岛屿。从 1864 年到 1870 年间，大约有 200 名中国劳工先后来到了牙买加。其中多为特里尼达和英属圭亚那的契约华工。当时种植园因自然灾害破产后，他们已经完成了三年合同期。与此同时，美国的农业公司正开始在牙买加投资。华工

远渡加勒比
彼岸的祖父

早期华工抵达牙买加照片（Ray Chen 供图）

当时已经具有聪明、勤奋、坚韧和可靠的口碑。在当地劳工缺乏的情况下，美国公司曾专门到特里尼达和英属圭亚那招募契约华工。有些华人应募加入了农业工人的队伍，另外一些人则自愿从特里尼达、英属圭亚那、巴拿马或夏威夷来到牙买加。

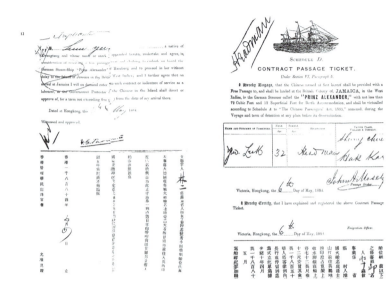

1884 年 5 月 6 日，第三批惠（阳）东（莞）宝（安）地区客家劳工从香港乘坐洋船前往加勒比海岛牙买加的船票及劳工契约文本（Ray Chen 提供）

　　第三批也是最后一次大的中国移民潮发生在 1884 年。他们是直接来自中国的契约工人。这批契约华工于 1884 年 5 月 6 日离开香港，在澳门登上钻石号（途中改乘亚历山大王子号），横跨印度洋，穿越苏伊士运河后，在马耳他补充燃料等物资储备后继续前往牙买加，7 月 12 日抵达金斯敦港。这次航程比较安全，全船共搭载了 680 人，只有 1 人死亡，另有 3 个婴儿在船上出生。除了大约有 20 人来自广东四邑（台山、新会、开平、恩平）外，其余均为来自东莞、惠阳和宝安等县的客家人。船上的翻译名叫陈亚维，医生为陈平彰。正是这群人构成了牙买加早期中国移民的核心。后来的移民大都为这些客家人的宗亲，并且都是在他们的帮

洋　船　在　香　港　招　载　唐　人　规　条　开　列

助下移民到牙买加的。著名非洲问题专家李安山在《华人华侨历史研究》2005 年第 5 期发表的《生存、适应与融合：牙买加华人小区的形成与发展（1854—1962）》对此有详述。

　　根据上面的资料推断，"鹤湖罗氏"远赴牙买加第一批拓展者的出洋时间极大可能为 1884 年。族人长老口耳相传：二房后人率先出洋，其中第五代有罗裕钦、罗裕恩、罗裕杰等人，第六代有罗兴基、罗谭基、罗水基、罗盘新（满房）等人。金斯敦华侨公墓的历史记录有力印证了二房后裔先到牙买加，以及罗兴基、罗谭基、罗水基早于祖父前往加勒比的说法。

现存于牙买加中华会馆内“中华义山”墓葬记录文档。

从墓葬记录文档看，罗兴基、罗谭基、罗水基三人为同房兄弟，年龄相近，似同批次出洋；而祖父与前述兄长年龄相距近 10 岁，又与罗谭基之弟罗仕基同年出生，应为同一时间动身。罗谭基与祖父关系甚笃，1927 年，他将年仅 4 岁的次子罗冠珍交托祖父带回中国

（罗金生供图）

SHEET No.　　ACCOUNT No. 31
TERMS　　NAME
RATING　　ADDRESS
CREDIT LIMIT
DATE　ITEMS　Folio ✓　DEBITS　DATE　ITEMS　Folio ✓　CREDITS

羅石福（家籍不詳）終于1913年二月二日，壽五十二歲。（1955年，坟已平3）老坟场第一行第廿三位。

羅　有（家籍不詳）終于1922年，十二月廿九日，四十八歲（1955年，坟已平3）老坟场第十一行第二位。（家坟245号）

羅呈保 赤溪，田頭鄉人，終于1914年，五月十四日，壽四十八歲。老坟場第二行第十五位。（墓49号）

羅　四（家籍歲壽均未詳）終于1923年，正月廿二日。（1955年，坟已平3）老坟场第十一行第五位。（家坟248号）

羅仕彰 東莞，牛湖人。終于1918年，五月廿四日，壽四十五歲。老坟场，第五行，第九位。（墓116号）

羅　秀（家籍歲壽均未詳）終于1923年，五月廿日。（1955年，坟已平3）老坟场第十一行第十六位。（家坟259号）

羅奐基 惠陽龍岡，瑞合人。終于1919年，九月九日，壽卅九歲。老坟场第八行，第二位。（墓174号）

羅李姐（家籍逝期，歲壽均未詳）（1955年，坟已平3）老坟场第十五行第十一位。（家坟361号）

羅盤新 惠陽龍岡，瑞合人。終于1920年，九月二日（歲壽未詳）老坟场第十行，第十八位。（墓237号）

羅　福（家籍不詳）終于1927年，正月十八日，五十二歲。（1955年，仍未打墓）老坟场第十五行，第廿二位。（坟372号）

ACCOUNT No. 32　　SHEET No.
NAME　　TERMS
ADDRESS　　RATING
CREDIT LIMIT
DATE　ITEMS　Folio ✓　DEBITS　DATE　ITEMS　Folio ✓　CREDITS

羅裕欽 惠陽，龍岡，瑞合人（逝期不詳）卅六歲。老坟场第十八行，第二位。（墓423号）

羅蕭氏 惠陽，瑞合人，終于1938年，十月六日，廿五歲。（夫：羅存）义山亭区，第七行，第十九位。

羅　Monica Lowe.（家籍不詳）終于1938，十二月十七日 廿三歲。義山亭区，第二行，第十九位。

羅奐夫人 Mary Lowe Hing（家籍未詳）終于1952年，十月三日，七十一歲。义山亭区，第八行，第卅七位。

羅黄氏 宝安，丹竹头，終于1939年，三月十四日，廿八歲。（夫：羅徵，女：秀英）義山亭区第二行，第廿三位。

羅士鄉 東莞，牛湖，終于1946年，五月五日，六十五歲。义山亭区第五行第廿七位。

羅新 增城，碧湖，（逝期不詳）卅六歲。（祀子：官祥，女：玉珍）義山亭区，第二行，第廿四位。

羅仕基 惠陽，瑞合，終于1931年，二月十五日，四十二歲。第一区，第五行，第三位。

羅耘華 東莞碧湖，終于1937年，四月七日，五十一歲。义山亭区第六行，第廿位。

羅　發（國光）惠陽，高海江，終于1937年八月十四日，五十三歲。第一区，第五行，第廿三位。

SHEET No.　　ACCOUNT No. 33
TERMS　　NAME
RATING　　ADDRESS
CREDIT LIMIT
DATE　ITEMS　Folio ✓　DEBITS　DATE　ITEMS　Folio ✓　CREDITS

羅仕昌 東莞，牛湖，終于1940年，十月五日，七十六歲。（祀嗣：廷來，亜福）第一区第七行，第廿五位。

羅亜來（牛湖）終于1935年，廿八歲。第三区，第九行，第四位。

羅仕翰 惠陽，瑞合，終于1934年，五月十一日，四十二歲。第一区，第九行，第十三位。

羅新才 東莞，碧湖，終于1934年五月廿日，六十歲。第義山亭区，第九行，第卅四位。

羅　安 東莞碧湖，終于1945年，七月十一日，六十二歲。（妓）第一区第十行，第廿五位。

羅彩山 牛湖，第四区，第二行，第十九位。

羅洪氏（夫羅水港）廿八歲。（女：麗君，麗芳）第二区，第四行，第八位。

羅裕恩 龍岡，瑞合，終于1955年，正月廿五日，五十七歲。第四区，第二行，第廿三位。

羅陳氏 牛湖，終于1943年，五月十八日，五十九歲。（子：瑞奇，瑞義，瑞祥）第二区，第八行，第三位。

Mrs Pearl Lowe-Wah 陈氏 羅瑞祺夫人 觀瀾牛湖 終1957 式月廿一日 年四十八岁 第四区，特别行，第十二位。

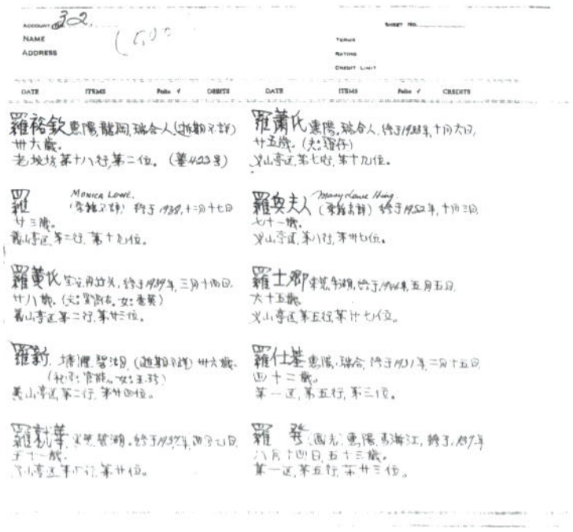

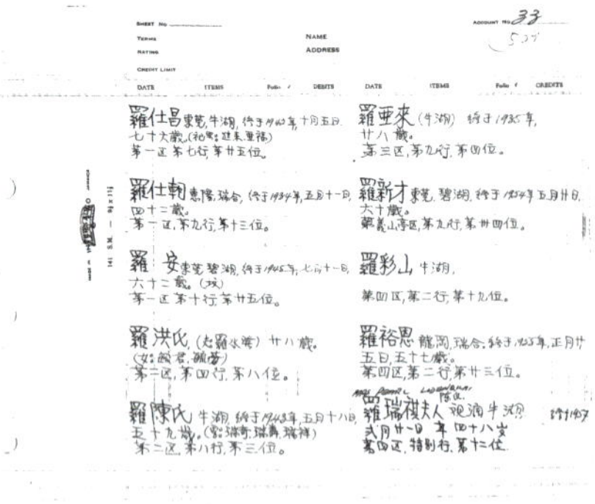

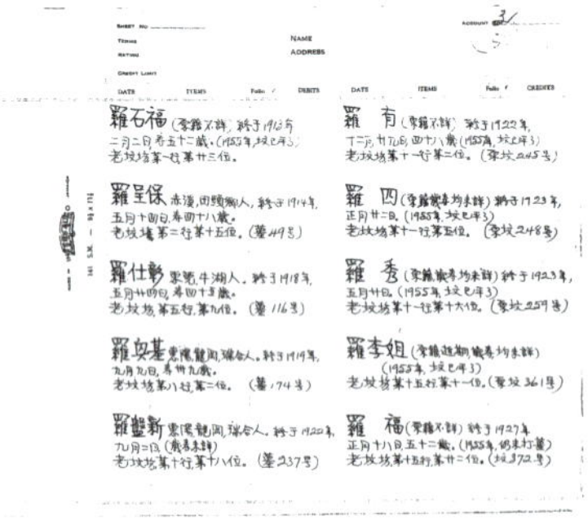

在科技发达的今天，乘坐飞机只需 20 多小时，就能够从深圳飞抵美洲的任何一个地方。但在 100 多年前，祖父和他的宗亲兄弟们却要在条件极其艰苦的轮船上，忍受一段漫长海上旅途的折磨，才能到达目的地加勒比海岛国——牙买加。

即便如此，他们也已足够幸运。

因为在 19 世纪 50 年代，人们将西方国家用来运载华工的苦力船称为"浮动地狱"。据有关资料记载，那时从中国华南运送华工到拉美各国，一般需要 4 至 5 个月的海上航行。如到秘鲁要 120 天，到古巴要 147 至 168 天。西方各国的航运商为了攫取暴利，草菅人命，拼命超载，苦力船上的饮水、伙食和卫生条件极差，疾病流行；船主肆意虐待华工，华工在航程中的死亡率很高。1853 至 1873 年间，从中国运往古巴的 13 万多名华工，途中死亡率达 13%。运往秘鲁的华工的海上死亡率在 19 世纪 50 年代有时竟高达 50%。深圳地区的契约苦力最早到达牙买加的为 1854 年。这批共 472 名的苦力华工分别从香港、巴拿马抵达牙买加，最后的 30 多个幸存者里只有 3 个宝安人，分别为横岗长坑村人陈八、丹竹头人凌三、横岗人何寿（杨耀林《深圳近代简史》）。

虽多方努力查探，我仍然没有找到祖父及其宗亲兄弟的登船记录资料，只能根据前人研究成果和早期牙买加客家移民后裔的回忆，对他们如何抵达牙买加进行推测。

李安山在《华人华侨历史研究》2005 年第 5 期的《生存、适应与融合：牙买加华人小区的形成与发展（1854—1962）》中指出，苏伊士运河通航之后，至巴拿马运河竣工以前，前往牙买加务工或者谋生的华人主要行走的是下面 3 条航线。第一条从香港坐船到加拿大的温哥华，陆路至哈利法斯克后，再次航行至金斯敦；第二条航线从香港出发，沿途经过澳门、新加坡，驶入苏伊士运河，辗转欧洲、百慕大、哈利法克斯、古巴等地到达金斯敦；第三条还是从香港出发，经温哥华、巴拿马，到

契约劳工制度始于 1845 年，到 1874 年已近尾声。这期间，无数中国人被运往东南亚、夏威夷、北美洲、中美洲与非洲，以缓和这些地区严重的劳工短缺。据学者陈翰笙估计，在 18 世纪至 20 世纪之间，自中国输出的契约劳工人数，高达 600 万至 700 万人。" 图为 19 世纪中叶运输中国契约劳工的机动帆船（Ray Chen 供图）

达目的地金斯敦。三条航线中，第二条是直航线路，中途无须换乘且成本较低，但是航程一般在 2 个月以上，时间过于冗长，路途上风险陡增。第一条航线，虽然乘客在海上漂泊的时间大大减少，但从加拿大西岸温哥华到东岸哈利法斯克的陆路旅程，对于一个经济并不富裕的移民家庭来说，无论时间上还是花费上，似乎都是难以承受的。因此，我比较认同牙买加早期客家移民后裔的观点，先辈移民们大多经由第三条航线来到牙买加。因为相较于第一和第二条航线而言，尽管需要换乘火车从巴京（巴拿马城）到科隆穿越巴拿马地峡，但这段路程时间短（仅有70多公里）、花费少，而安全程度又要高一些（当时约有3,000名华人生活在这条铁路沿线各处，为华人出行提供了莫大的方便）。那么，·贯勤俭持家的客家人选择这条航线似乎合情合理。

这次航程需时近二个月，比起早期出洋的华工需走的航时已大为缩短，船上的生活条件也有所改善。但是太平洋上的台风和加勒比海上的飓风，随时可能会轻易将这种小吨位的轮船打翻，使船员和乘客葬身鱼腹。即便遇不上这些致命风暴，长距离航程中的剧烈颠簸造成的晕船，对于这些常年生活在内陆或者山区的客家人来说，也是一种无法言说的煎熬。更不必说几百个乘客挤在一个狭窄船舱里，饱受传染病的威胁，有时甚至为争一口解渴的淡水，乘客之间也会打个死去活来……

客家民谣中有一首"过番"，生动地描述了客家人早年漂洋过海的心境和惨况："至嘱亲友莫过番，海浪抛起高过山。晕船如同天地转，舱底相似下阴间。"可以想见祖父及其兄弟远去牙买加的航程，何等艰辛与不易！

轮船终于到达金斯敦，因为旅途疲劳和营养不良，乘客们一个个都瘦得脱了形。虚弱不堪的祖父提起行装，头也不回地踏上牙买加这片凝聚无数华工血汗，也改变了他一生命运，留下无数动人传奇和温暖记忆的拉美沃野！

从瑞凤公算起，**"鹤湖罗氏"几代从商**，堪称商业世家，耳濡目染之下，**祖父自然也有一套生意经。**他坚信忠实的顾客是利润的来源，时刻主动、真诚地关怀顾客，与他们**建立起深厚情谊**，商店必然具有长久生命力。

第四章

从"打工仔"到企业家

远渡加勒比

彼岸的祖父

金斯敦的"打工仔"

有人说,在无人迹所至、无人敢去的荒原,客家人也能去,也敢去,更会创造出前人所未有的文明来。

葆拉表姐在牙买加《中华会馆通讯》2012年第12期刊登的《一个牙买加裔的美国家庭寻找中国的外祖父》文中,写了祖父当时谋生之艰难。初到金斯敦,祖父在同乡亲戚开办的店铺里,谋到一份最底层的"打工仔"活计,主要干些搬搬抬抬的杂活。从早到晚、屋里屋外,他任劳任怨地忙个不停。店里的伙计数他干活肯吃苦,做事有章法。"路遥知马力,日久见人心"。勤奋聪明的祖父,慢慢得到了店主的信任和看重,得到了客家同乡们的赏识与认可。更难能可贵的是,祖父做得一手地道的客家小菜,一有空闲,他便会下厨做上几道,给大伙儿打打"牙祭",聊以慰藉漂泊异乡游子们的思乡之苦。

身为瑞凤公的子孙,听着"龙岗罗"的传奇长大,祖父体内涌动着最活跃的商业基因,绝不会安于一隅,碌碌无为。因此,尽管在金斯敦干着最底层的工作,收入也极为微薄,祖父却始终"不坠青云之志",对未来充满信心。

为圆创业梦想,他未雨绸缪,省吃俭用攒下每个便士,从不放过工作中的任何学习机会。或许是承继了瑞凤公出色的商业天赋,只读过几年私塾、文化程度不算高的祖父,没花多长时间便掌握了不少零售营销技巧,在店里工作得心应手,足以独当一面。

当时的牙买加,华人零售业正处于起步阶段。在当地社会普遍不被

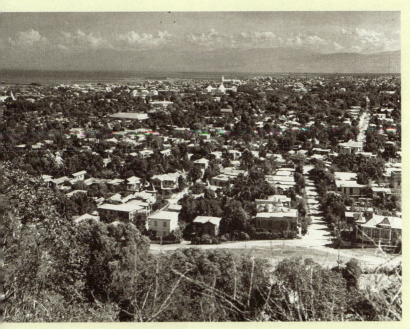

20 世纪初，牙买加首府金斯敦全景图（来自 Eliot Elisofon/The LIFE Picture Collection /Gotty Images/CFP）

19世纪中后期，客家劳工在牙买加种植园里种植、砍伐、装运甘蔗的劳动场景（《寻找罗定朝》纪录片截图）

远渡加勒比
彼岸的祖父

重视和支持的条件下，华人只能采用"自我实现"式的发展模式以应对来自外部的压力和挑战。所谓"自我实现"式的发展模式主要是指当时各地城乡的华人零售店生存和发展基本不依赖本地社会资源来解决它的劳动力、商品供给以及资金的流动性。家庭、华人社团和族群资源成为华人零售业生产要素的重要来源和补充。源源不断的族群移民让华人零售业获得了充裕和稳定的劳动力。社会压力下催生的华人社团（如"中华会馆""致公堂"等）在帮助华人解决内部纠纷、对外协调和资金借贷的同时，还制订了许多有利于客家零售业发展的商业规则。如佣工培

训制度：凡新到牙买加的华人移民，在独立开办零售店之前须在亲戚朋友的店铺内佣工2到3年；在初步掌握经营技能后，由店主推荐给批发行建立信用关系后开始创业。而"赊销"制度则使得那些资本微弱的零售店主可以从批发行业主手中获得更多的商品供应，顺应了华人零售店起步和扩张的需求。

客家人自古有互帮互助的传统。看出祖父意欲另起"炉灶"心思的店主，丝毫没有"同行即是冤家"的狭隘观念，反而无私地将个人多年创业经验和他分享，鼓励和帮助他大胆去闯。

　　据李安山《华人华侨历史研究》2005 年第 5 期《生存、适应与融合：牙买加华人小区的形成与发展（1854—1962）》数据，自 1854 年起，先后三批共计 1,352 名中国苦力劳工（绝大部分是客家人），不远万里来到了这个当时以香蕉、椰子与甘蔗著称的加勒比海岛牙买加。这些早期的苦力劳工，大部分被安排在这个岛上不同的种植园里从事甘蔗种植、砍伐和榨糖工作。合同期满后，一些苦力劳工选择留在当地继续谋生，但到了 1891 年，留在牙买加的中国人仅为 482 人。这 400 多人历经种种常人无法想象的艰难险阻，才在异乡站稳脚跟。

　　生存已属不易，创业更加艰难。

　　祖父对他的第一次创业非常谨慎，选择哪个行业？在何处起步？他都有过一番细致周详的考量。

　　自 19 世纪中叶起，定居牙买加的华人便慧眼独具，发现当地零售业存在较大发展空间。因为当时来自非洲的奴隶刚刚获得解放，还没有发展出必需的商业技巧；其他种族集团则认为开日杂店做黑人的生意，有

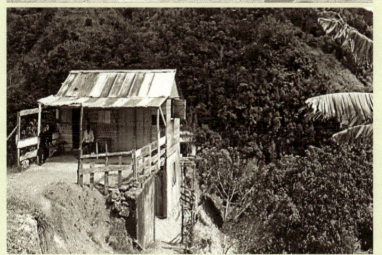

19世纪末20世纪初，广泛分布在牙买加农村教区的华人商店。

这些店铺以经营日用百货和农业器具为主，并采用赊账等灵活方式逐渐扩大规模，成为牙买加早期商业的主要支柱。"Chiney Shops"（中国商铺）也成为家喻户晓的"诚信、便利"的同义词（Ray Chen 供图）

损自己的高贵身份。作为牙买加移民中适应能力和应变能力最强的种族之一，华人把握有利商机，从规模比较小的"铺头仔"做起，数十年如一日，专心在当地发展零售业，取得很大成功，为当地经济发展做出重要贡献。其中，比较出名的有最早抵埠的陈八、从英属圭亚那来的黄昌、来自哥斯达黎加的林丙和来自美国的丘亚嘉等。初时他们的杂货店一般不超过20或30英镑的成本，售卖商品乏善可陈。考虑到当地黑人可怜的购买力，大米和糖等生活用品还得分拆成半磅或一磅的小包装售卖。然而正是这种不拘小节、灵活变通的经营方式，使得华商在竞争并不激烈的零售领域，很容易就成为脱颖而出的佼佼者。

他山之石，可以攻玉。祖父决心将零售行业作为创业首选。但他敏锐地观察到，当时金斯敦和圣·安德鲁的零售市场已基本饱和，没有太多创业机会；后来者要想取得成功，只能尝试着去这个岛屿的其他地区开辟新的市场。

牙买加殖民政府的人口普查也证明了这一点：1881年，全国99名华人中有84人生活在金斯敦；1891年，482名华人中只有295人生活在金斯敦；到了1911年，比例继续下降，2,111名华人中仅有754人生活在金斯敦【李安山：《生存、适应与融合：牙买加华人小区的形成与发展（1854—1962）》】。

祖父决定离开金斯敦，西行前往牙买加克拉伦登（Clarendon）教区内一个叫摩可（Mocho）的贫瘠山区小镇，耐心等待创业的时机。

远渡加勒比
彼岸的祖父

摩可小镇的中国商店

摩可小镇，地处克拉伦登教区的山区深处。它的贫瘠和偏僻，葆拉表姐在《后裔寻根》一文中如是描述："即便在今天，和牙买加人提起你来自摩可镇时，就像美国人笑你是从阿巴拉契亚（Appalachia）地区来似的，人们仅仅听到这个名字，就会咯咯地傻笑起来。当年祖父开办的第一个商店，就在"摩可"路的转弯角上。直至今天，小道旁边的那一小块地方，还被当地人谐称为'香港'。因为当地人经营的四五间小商店，早期全部为来自中国的客家人所拥有。"

生活在这个岛国的华人，对小镇所在的克拉伦登教区并不陌生。第一批来到牙买加的 472 名华人劳工，部分人被安置在这里的种植园里工作。当地自然环境和生活条件极其恶劣，加上劳役繁重，第一批到达者绝大多数客死他乡，只有少数人幸存下来。在他们心目中，"克拉伦登"不啻为一场挥之不去的噩梦！

1692 年 6 月 7 日，牙买加皇家港附近发生里氏 8 级大地震。这次历史记载中最大的地震，给包括克拉伦登在内的大半个牙买加带来灭顶之灾。据《屡遭地震破坏的牙买加首府金斯敦——1692 年牙买加地震》记载："在克拉伦登境内到处都是地裂缝和喷水冒沙，山顶崩塌的大量土石把树木及滚落途中碰到的所有物体扫荡殆尽，从山顶到山麓 1.6 公里宽的地带完全被剥光了一层，滚落的山石和树木大量堆积阻塞河流，然后又被洪水冲入海中，在港口附近竟堆积了数万吨树木。余震连续了几个月，人们惶惶不可终日，地震时人们无法站立而摔倒在地，然后用手臂护住

100 多年前，祖父位于摩可
小镇上创办的第一间商店（Paula
Williams Madison 供图）

面孔，双腿分开，以防受到伤害或坠入地裂缝。"地震的巨大破坏力甚至延续至今，造成现在的克拉伦登教区依然保持着比较原始落后的面貌。

虽说成功没有一个准确的方程式，条条大路都能通向罗马，但选择在摩可这样的偏僻小镇开店创业，足见祖父的过人胆色。他的这个决定看似冒险，实则经过深思熟虑，绝非无的放矢。商场如战场，天时、地利、人和三者缺一不可。智利的贡萨洛·马特内尔在委内瑞拉《一周》杂志 1979 年第 580 期和第 581 期发表的《十八世纪以来加勒比经济的演进》，描写了当时摩可的景象。摩可周围环绕着由大地震冲刷形成的广阔种植园区，小镇周边居住着众多当年废除奴隶制后涌向山区"自由村"的黑人后裔，他们大部分人在种植园里工作，只有少部分人耕种自己开垦的小块土地，收成主要卖给附近的种植园主，收入低迷，普遍比较贫穷。在这里开店，一来规模不需要太大，投资小；二来不像大城市那样竞争对手众多，完全有可能生存，进而谋求更大发展。

理想如此美好，现实却不尽如人意。

牙买加典型的热带雨林气候，形成此地终年炎热，雨水充沛，蚊虫肆虐的恶劣自然环境。人如果不慎被蚊虫叮咬，极有可能感染乙脑、疟疾、登革热等传染病。克拉伦登山区缺医少药，医疗水平不高，不少华人因染上传染病得不到及时救治而长眠异乡。尽快适应当地生活，保证肉体的"生存"是祖父的第一要务。

众所周知，千百年来，客家先民颠沛流离，在中国内陆的崇山峻岭之中，自北向南不断迁徙。艰苦生活的种种磨炼，早已锤炼出客家人"逢山过山，遇水蹚水"，无惧任何艰难困苦的坚韧性格。虽说摩可小镇自然环境和生活条件都极其恶劣，祖父却坚守本性，随遇而安、从容应对。山道泥泞不便行走，就穿上木屐；蚊虫叮咬易感染疾病，便长年着长衫长裤，挂好蚊帐；新鲜蔬果匮乏，可以开荒种菜，自给自足；山区生活清苦孤寂，但与客家同乡邻里守望，互相照应，倒也无所畏惧。

早年生活在牙买加的华人喜欢穿用的木屐（Ray Chen 提供）

如何融入社区生活，是祖父必须迈过的第二道"坎"。起初，祖父新开张的"中国商店"，商品不多，又语言不通，本地牙买加人极少帮衬。祖父的英语水平只认识数字和店里摆的生活用品名称，和本地人做生意，要边说边比划。但他深谙和气生财的道理，上门便是客，不管买卖成不成，都一视同仁、笑脸相迎。日常除了在店内盘点商品、计数做账，与隔壁店铺的客家同乡们聊聊家常外，祖父经常与居住在小店周围的本地人搭讪、交流。一杯热热的茶水，一粒小小的糖果，祖父的"中国商店"迷住了不少小镇上的牙买加大人、孩子。

后来，随着祖父英语词汇量和口语能力不断增强，周边住着的本地人，闲来无事常会走进中国商店，大家在一起闲话家常、气氛融洽。"中国商店"开始有了一批忠实的"回头客"。

几年艰苦经营，商店的营业额稳步增长，祖父去梅彭镇（克拉伦登教区首府）和其他周边城镇进货的次数也更加频密。有时，小镇上的其他店主会托他从城里捎带一些货品。这一举动两全其美，既为那些小店主进货降低成本，也给祖父增加了一些额外收入。天生的商业嗅觉令祖父发现其中蕴含的绝佳商机。他渐渐将商业触角延伸至小型批发领域，逐渐实现农村零售店主向小批发商的转型。

这一时期的商业拓展，可以从当地媒体的报道中得到印证。1915年10月1日，牙买加《拾穗人日报》第10版上刊载克拉伦登教区巡回法

1890 年，牙买加首府金斯敦国王街繁华闹市。图中马车为早年牙买加人常用的运输工具（来自 Archive Farms/Getty Images/CFP）

院一则报道："塞缪尔·罗（中国人）说，他在摩可镇上拥有一间商铺。今年 6 月 12 日，他以 4.10 英镑向被告买了一匹棕色的马。当时拉克兰·艾莉森（Lackland Allison）和威廉·米勒（William Miller）也在场。后来，他将这匹马与别人的马交换了，现在不知道那匹马的下落。"

使用马匹驮载或者马车运输货物，比起驴子来说，量大且又快又好。智慧、勤劳和诚信，成就了祖父农村商业小批发的"黄金"梦。

客家围屋走出的"企业家"

    事实证明,祖父当初的选择完全正确,他从本小利微的"便利店"起家,仅用了几年时间,不光在这个偏僻贫瘠的山区站稳了脚跟,还不断拓展生意规模,成就了属于自己的商业批发小王国。然而,幸运女神绝不会平白无故地眷顾某个人,祖父的成功秘诀究竟是什么?

    从下面这则简短的"寻马启示"中,我似乎找出了一些答案。1916年8月12日,牙买加当地媒体《拾穗人日报》上刊载了一则有趣的"寻马启示":"1916年7月23日,本人在克拉伦登的海斯区(Hayes)丢失爱马一匹。马儿高163厘米,棕色,唇有印记,双膝破损瘀青。寻获送还者请与克拉伦登梅彭的塞缪尔罗联系,必将重酬。"这匹棕色的骏马,是祖父为兼营小型商品批发,在1915年6月12日,花了4.10英镑买来拉车所用。

    "寻马启事"的字里行间,透露出祖父失去爱马的焦虑之情。对祖父来说,也许这匹马不仅仅是运货的好帮手,还是个同甘共苦的好伙伴吧!它日日陪着祖父翻山越岭,艰难行走在崎岖山道上。无论是梅彭的热闹集市,还是小镇的偏僻村落;无论是崎岖山路,还是平坦大道,处处留下了祖父的辛劳汗水与车辙马迹。从1915年6月到1916年8月短短14个月间,这匹曾经健壮无比的马儿,已是"唇有印记,双膝破损瘀青"。

    马尚如此,何况人乎?我的脑海里,不禁闪现这样一幅画面:异常崎岖、泥浆遍地的山间小道上,马背上沉重的包裹,浑身泥泞的商人,

穿行山区驮载货物的驴匹（Ray Chen 供图）

深一步、浅一脚地行进着……

　　祖父吃苦耐劳、勤俭节约的坚韧性格，是滋养他事业种子顺利萌芽的土壤。但最终促成罗氏农村商业批发体系成功创建的关键，还取决于祖父极强的环境适应能力以及对机会的及时把握。

　　从瑞凤公算起，"鹤湖罗氏"几代从商，堪称商业世家，耳濡目染之下，祖父自然也有一套生意经。他坚信忠实的顾客是利润的来源，时刻主动、真诚地关怀顾客，与他们建立起深厚情谊，商店必然具有长久生命力。而要从摩可众多的中国商店里脱颖而出，争取到更多的生意份额，祖父

远渡加勒比

彼岸的祖父

当地牙买加人简
朴、休闲的生活方式
（《寻找罗定朝》纪
录片截图）

除了坚持诚信为先的原则，还绞尽脑汁地思考如何更好地满足当地人的需要，有时在经营手法上更要另辟蹊径。

跟中国人相比，牙买加当地人性子懒散，大多数人靠山吃山、靠海吃海，肚子饿了才去找活干，基本上是家无余粮、手无余钱。有感于此，祖父活学活用，将老家鹤湖新居围屋内"便利店"采用的赊账簿记的经营方式搬到了牙买加。他的"便利店"24小时营业，以方便有需要的顾客随时取货；一时手头拮据没有现钱也不要紧，可以先赊账，月底统一按簿记收款。这种被客家人广泛应用于农村商业经济活动中的信用观念和习惯，为当地居民购物提供极大方便，广受欢迎，也成功地帮助祖父开拓了本地市场。

随着规模的扩张和网络的拓展，祖父的批发业务开始向克拉伦登省会梅彭和牙买加首府金斯敦等商业重镇延伸。档案资料记载，1918年11月15日，大姑姑内尔·薇拉在首府金斯敦出世。

远渡加勒比

彼岸的祖父

当地牙买加人简朴、休闲的生活方式（来自 Carl Mydans/
The LIFE Picture Collection/Getty Images/CFP）

牙买加当地人的简陋工具车（Ray Chen 供图）

葆拉表姐说，"妈妈记得，她在那里与父亲生活了三年"。

牙买加一家报纸，曾经刊登了这样一则有趣的故事："上世纪 50 年代，一个牙买加小村庄里，有两家相距不过 200 米的小卖铺。黑人的店铺作息时间严格，每天太阳一落山就关门，星期天不营业，还经常无法给顾客找零钱。而华人开的店铺几乎可以在任何时间去买东西，而且总是有零钱找，不会让顾客为难。20 年过去了，黑人的店铺仍然在那里营业，店铺扩建，还新刷了漆。而华人店铺却成了长满荒草的废墟。为什么呢？

姑姑罗碧珊（内尔·薇拉）在牙买加首府金斯敦的出生记录文件（来自 familysearch.org）

有趣的是，在普通法系国家或者地区，非婚生子女的出生记录文件上，父亲的名字是不会记录在文件之中，但孩子名字中又保留着父亲的姓氏

原来那家华人夫妻已经成为一家大型连锁超市的老板了。"

故事中的华人夫妇，是众多在牙买加成功立业华人的一个缩影，也是祖父艰苦创业历程的真实写照。唯一不同的是，祖父从摩可小镇走向圣·安斯贝省会城镇的时间，比起这对华人夫妇还要早上近50年。

在当年的加勒比海地区，**"中国商店"** 发展迅猛并且得到消费者的广泛认同，**已经成为社区大小商业活动的血液与纽带。** 这些有利因素既是祖父批发业务不断扩展的助推动力，**也加速了他向大批发商转型的资本积累进程。**

第五章

圣·安斯贝的"中国商店"

远渡加勒比

彼岸的惟父

　　1932 年 2 月 4 日，牙买加《拾穗人日报》第 6 版上刊载了一则关于祖父准备申请破产聆讯事宜的报道。报道称："……为塞缪尔·罗（祖父）准备申请文件的是米斯（Mees）先生，当时祖父与菲利普·罗（罗献朝）都在场，并一一回答了米斯先生提出的问题。

远渡加勒比
彼岸的祖父

　　罗献朝说：约在 17 年前，他来到牙买加，曾经是塞缪尔·罗兄弟商店的合伙人。他大概在 9 年前进入这个合作关系。他们兄弟的商业活动主要分布在圣·安斯贝教区。但现在他不是合伙人了。

　　当米斯先生问祖父还有没有别的合伙人时，他说：原来约翰逊·罗（罗仕朝）和罗献朝都是合伙人。他们兄弟 3 人大概在约 10 年前，作为合伙人开始了塞缪尔·罗兄弟商店的生意。他们 3 人在开始时投入了 1,000 英镑。但至 1929 年 11 月前，弟弟罗仕朝就退出了这个合作关系，他现在已经返回中国。弟弟离时拿了 400 英镑，比当时他投入的要多一些。他退出的原因是由于 1928 年 12 月公司发生一场火灾，弟弟在火灾后就退出了。那场火灾发生时，他正好返回了中国。侥幸的是在火灾发生之前，他为货仓中的库存商品买了 2,000 英镑的商业保险。而重建商铺的资金，是他向布朗镇（Brown's Town）房屋协会借的房贷。火灾之后，他又重新经营，当时由会计巫先生做的账。米斯先生又进一步问及账中的一些细节，祖父接着说：献朝从来就没有投入过任何资金（Paula Williams Madison 供图）

兄弟同心

　　1915 年，祖父的哥哥罗献朝（Philip Lowe），经巴拿马来到牙买加，伯公的到来，使得祖父终于有机会实现商业转型。1919 年，叔公罗仕朝（Johnson Lowe）以及一些同村兄弟侄儿也在祖父的帮助下，先后从中国来到牙买加，罗氏兄弟的商业团队不断发展壮大。

　　在当年的加勒比海地区，"中国商店"发展迅猛并且得到消费者的广泛认同，已经成为社区大小商业活动的血液与纽带。这些有利因素既是祖父批发业务不断扩展的助推动力，也加速了他向大批发商转型的资本积累进程。

　　1919 年，祖父正好年满 30。在中国，男人到了 30 岁，应当自立于世，有所成就。爱子异乡创业已有小成，曾祖父母内心自是无比骄傲，但他与牙买加女子同居生子，一直不曾正式成家，又愁煞高堂两老。于是，1920 年前后，曾祖父裕修公与曾祖母叶氏为远在他乡的次子"隔山娶妻"，聘回横岗客家大户何家的小女儿瑞英，也就是我的祖母。1920 年 9 月 9 日，祖母在惠阳籍"水客"（当时海外华人中的一些专门从事带钱带物回国，并从家乡带侨眷亲属和物品、信件出国，从中获取一定数额报酬的人，人们称这些人为"水客"。罗英祥在《漂洋过海的客家人》对此有详细的介绍）带领下，祖母乘坐安雅玛鲁号（Anyo Maru）轮船，从香港出发，经停加拿大温哥华的维多利亚港，穿越巴拿马运河，来到了牙买加首府金斯敦祖父的身边。

祖母出身广州荔湾十三行行商世家，平时喜欢读书，个性豁达大度，为人处世待人接物，宽宏开通大方得体。她来到牙买加后，不仅祖父日常起居有人照顾，还为罗氏兄弟的批发生意增添了不小的助力。

从 20 世纪初来到牙买加，祖父白手兴家、艰苦创业十余年，从当初 20 到 30 英镑的小本生意，发展到拥有 1,000 英镑以上资金规模的中等商店。1915 之后，伯公、叔公相继来到牙买加，祖父的事业本该如虎添翼，更上一层楼。但由于兄弟三人生意上各自为政，一时无法形

叔公罗仕朝年轻时的照片（罗英生家人提供）

成合力。同是商家儿女的祖母觉察到这个棘手问题，她审时度势，提出一个颇有建设性的建议：罗氏三兄弟的生意尽快整合，通力合作；而且最好选个牙买加的中心城镇设立一间新公司，主营业务也从小型零售批发转向综合商业批发，1932 年 2 月 4 日的《拾穗人日报》有详细报道。

祖父从善如流，听取祖母的建议，于 1921 年结束摩可镇上的生意，与家人、兄弟一道迁居牙买加北部圣·安娜教区的首府城市——圣·安斯贝。1921 年 7 月 25 日的《拾穗人日报》就刊登了相关报道。不久之后，圣·安斯贝城的主街上，一座木质结构、面积较大的"中国商店"顺利落成。这家主要从事商业批发（兼营部分零售），名为塞缪尔·罗兄弟商店（Samuel Lowe and Bros.），成为祖父成功转型继而开启辉煌历程的第一个平台。

兄弟同心，其利断金。在伯公、叔公的襄助下，祖父在圣·安斯贝的批发、零售事业蒸蒸日上，与其他旅居牙买加的罗氏宗亲族人也是生意往来密切。据堂哥罗东生忆述：他的父亲罗德铭（二房"昌记"罗端基之子）于 1920 年左右去牙买加；三年之后，因病返乡休养，有了他（堂哥 1923 年出生于龙岗罗瑞合村）；1927 年，重回牙买加经商。在这期间，

远渡加勒比
彼岸的祖父

德铭堂伯一直与祖父有生意来往。此外，惠阳淡水人廖桂安也与祖父生意来往不绝，他的后人现在还在牙买加。

祖父性格豪爽、厨艺精湛，圣·安斯贝的家中时常宾客如云，是罗氏宗亲族人最爱的落脚地。父亲依稀记得，罗瑞合村的乡亲和祖父的生意伙伴都喜欢聚到家中，一起"打豆豉"，或是打打牌赌点小钱。有时长辈们打牌赢了钱，高兴之余会随手抓几枚金币（当地钱币都用纯金打制），打赏父亲几兄妹。就连父亲的名字"早舞"，也是常来家中做客的清末秀才、堂曾祖父罗裕杰所取。这个名字典出《晋书》，蕴含"闻鸡起舞"之义，寓意有志之士及时奋发，非常励志。

根据葆拉·威廉姆斯·麦迪逊提供的纪录片《寻找罗定朝》（*Finding Samuel Lowe*，2013 年 7 月），到了 20 世纪 20 年代，在牙买加生活居住的中国人已超过 4,000 人。他们绝大多数是来自于惠阳、东莞、宝安地区的客家人，其中不少人经过数十年打拼，家底丰厚、手头宽裕，生活品位物质要求也水涨船高。祖父优于常人的洞察力，再一次帮助他发现了这个有一定经济实力和消费欲望的客户群体。他的商店里，"水客"从中国带回来的腊鸭、腊肠、腊肉、梅菜等客家风味咸头杂货逐渐增多。至于鱼翅、参茸、燕窝等高级滋补品，祖父一应委托在广州"十三行"经商的外曾祖父何植生办理。翁婿二人通力协作，罗氏兄弟公司经营的商品品种越来越多，批发生意的规模也越做越大。

华人社团助他成功"崛起"

翻阅李安山刊登在《华人华侨历史研究》2005年第5期的《生存、适应与融合：牙买加华人小区的形成与发展（1854—1962）》，我们可以看到，19世纪末20世纪初，陆续来到这片陌生土地上的华人，因异国他乡人情不熟，加上语言不通，倍受欺凌和歧视，生存和发展遇到了巨大的困难和挑战。在这种情况下，自强自立是生存根本，适应环境是应变之道。为了提升自身的经济、社会地位，求得更大生存发展空间，牙买加华人积极适应环境，自强自立，相互扶持，团结起来一致对外，各种以姓氏、贸易和慈善为基础，组织起来的华人社团和组织应运而生。在这些华人社团中，对祖父初期创业和后期拓展影响最大的，当数早期的牙买加"致公堂"和"中华会馆"。

查阅百度百科，"致公堂"是旧中国秘密帮会"洪门"的一个海外分支机构，1876年在檀香山登记成立，之后十数年，堂口遍布美洲各地。牙买加"致公堂"（时称"义合店"，后改为"致公分所"，现名"致公堂"），1887年，由洪门人士杨亚壬、万迈、李宝记、林丙等人在首府金斯敦组织创立，是牙买加第一个正式的华人组织。

"致公堂"以"义气团结，忠诚救国，侠义除奸"为信条，新成员入会时，要在神坛前举行隆重的表示兄弟忠义、肝胆相照的入门仪式；之后大家便以兄弟相称，遵循帮规，相互扶持。这个信条与客家人传承千百年的"重名节，薄功利；重孝悌；重文教，薄农工；重信义，薄小人"的核心价值观念十分接近。因此，早年来到牙买加的客家人中，不

摩可小镇上祖父曾经居住的院落（罗敏军 摄）

少加入过"致公堂"，以寻求庇护和帮助。初到加勒比的祖父也曾依靠华人社团的力量，得以在当地站稳了脚跟并谋求更大的发展。经现居牙买加的堂哥罗其芳（堂伯父罗德诚之子）确认：祖父兄弟三人以及罗瑞合村在牙买加的不少其他宗亲兄弟都是"致公堂"成员。

2014年7月，我在海外亲人的陪同下来到牙买加，重走祖父当年的创业路。来到摩可小镇，在祖父曾经居住多年的院落后园，我发现了整齐排列着的五具石棺，其中一具外观精致、用料考究。走近看，墓碑上用英文清晰写着"黄寿南（译音）生于中国广东惠阳龙岗"。但无生卒年份记载，大家推测入土的时间应该在1921年之前（1921年，祖父结束摩可镇上生意并迁往圣·安娜教区首府圣·安斯贝，因此，从时间上推算，墓中人应该在1921年前入土）。

远渡加勒比
彼岸的祖父

1921 年前，祖父罗定朝在牙买加克拉伦登教区摩可小镇上居住多年的屋院，现今仍在镇上，为埃玛·艾莉森（Emma Allison）女士的后人居处（罗敏军 摄）

　　这座墓穴主人的身份引起了我们的极大兴趣。我好奇地向屋主打听究竟，但因为时间久远，已无法相告。在小镇路边，我偶然遇到一位长者并与之攀谈。他说："幼时在摩可镇上曾听过塞缪尔·罗的故事，这是个大好人！"至于那个神秘的黄寿南先生，他也一无所知。不过，交谈中他还是向我提供了一条重要信息：当年省城梅彭镇上的黄氏大户都是来自广东惠阳的龙岗人士。

　　能够托付身后事，这位长眠于祖父故居后园的黄先生与祖父的关系必然非同寻常。仔细端详，黄氏的石棺做工讲究，墓基由花岗岩石砌成。这种石材摩可当地并不出产，必须从外地购置。回想祖父创业的经历，我可以大致认定：黄寿南先生应当是摩可镇上来自中国广东惠阳龙岗的客家店主；而且极有可能是曾经在生意上给过祖父帮助的"致公堂"兄弟。帮会兄弟客死他乡，祖父恪守帮规，隆重为其殡葬，侠肝义胆、令人钦佩！还将他安置于自家庭院内长相守护，不是亲兄弟，胜似亲兄弟！

这件小事在让人触动之余，更令我对早年在牙买加农村教区谋生的客家群体之间的互帮互助，有了更加直观、深刻的认识。显然，"致公堂"这种基于帮规教义，在成员之间形成的互助力，比之侧重于商业性质的"中华会馆"更有力量。

李安山在《生存、适应与融合：牙买加华人小区的形成与发展（1854—1962）》一文中这样著述："中华会馆"于1891年由陈八、张胜、黄昌等人创办，是当时牙买加最受华人拥戴的华人社团。多名华人富商捐资兴建的会馆大楼迄今仍屹立于金斯敦的繁华闹市之中。"中华会馆"不单单具备制定相关规章以及协调不同集团的利益、组织集体行动保护社区利益、传播有用消息、守望相助照料年长力弱者等功能，在处理比如移民上岸、商业机会、融资借贷或内部冲突等华人社区的重大问题时，更是发挥至关重要的作用。

"中华会馆"文史部的负责人告诉葆拉表姐：1920年12月27日，祖父母在金斯敦教区礼堂举行西式婚礼之后，既是"致公堂"成员，也是"中华会馆"会员的祖父又偕妻子来到了"中华会馆"。在馆内的关公神像供奉台前跪拜叩谢，并大摆筵席，宴请宗亲乡里、生意伙伴和帮会兄弟。

翻阅当年一些与祖父有关的媒体报道（1921年7月25日、1922年7月29日、1926年10月29日《拾穗人日报》），他与"中华会馆"关系亦见端倪。1921年至1926年间，生意兴隆的祖父兄弟三人经常捐款，支持"中华会馆"和"致公堂"等社团（当年当地媒体把这些组织称作"教会"）的会务运作。这一时期，他们参与社团活动十分活跃，依托这种

远渡加勒比
彼岸的祖父

建于 20 世纪初，位于牙买加首府金斯敦巴里街 129 号的中华会馆大楼旧址，
现为中华会馆博物馆（Ray Chen 供图）

远渡加勒比
彼岸的祖父

以血缘关系或者出生地为纽带的社团组织，成功拓展了社区网络，扩张了生意规模。

客家人受传统儒家思想文化影响，做生意秉持"忠信之道"，这种文化影响有利于祖父与客家商户之间建立良好的合作关系。1923 年 10 月 25 日，牙买加报纸《拾穗人日报》详细报道了一位名叫"Lin Que"（音译为"林杰"）的中国商人涉及若干债务纠纷的新闻。林姓商人在圣·安斯贝的店铺被当地人蓄意纵火焚毁，财产损失惨重以致无法清偿债务。众多债权人只得通过诉讼追讨欠债。祖父也是其中之一。法庭上法官询问时，祖父说："我是一名中国商人，在圣·安斯贝拥有一家商铺。被告林杰欠我 344.40 英镑。他是一个很好的客户，总是向我大批量地购买货品。实际上他欠我的钱比法官大人说的还要多。"

虽然林姓商人所欠的债务不是一笔小数目，但作为债权人的祖父并未落井下石、恶言相向，反而很讲义气地在法庭上为他说好话。从中不难看出，他与客户关系处理上，常以"信""义"为先，坚守"忠信之道"。因为良好信用是祖父与客户之间商业关系得以维系的纽带，是以"赊数"为主的商业信用体系的最好约束。

1922 年至 1928 年间，祖父外依靠华人社团、内借助宗亲力量，加上秉持"忠信之道"的创业思路取得了非常好的效果。圣·安斯贝的"中国商店"发展迅猛，规模不断扩大，商业活动已经延伸到布朗城（Browns Town）、莫尼格小城（Moneague）和奥乔里奥斯（Ocho Rios）等周边城镇。塞缪尔·罗兄弟商店跻身当地知名企业行列。1928 年 12 月 28 日，牙买加《拾穗人日报》上有一篇关于祖父兄弟公司的报道：塞缪尔·罗兄弟商店拥有一间价值 1,150 英镑的商铺和房屋，商品库存价值达到了 5,000 英镑以上。如果将公司赊给小批发商的货物价值也计算在内，应该会有 7,000 到 8,000 英镑甚至更多一些。报道中，当地人亲切地称呼祖父为"Uncle Sam"（山姆大叔），足见其时祖父在商界的影响力。

前后仅仅6年时间，塞缪尔·罗兄弟商店的商业规模扩张了最少七到八倍，祖父又创造了一个商业奇迹！

生意大获成功，祖父终于有闲暇与精力考虑几个到了开蒙启智年龄儿女的教育问题。客家历代英杰辈出，本就与客家人尚文重教、重视子女培养的传统密不可分。1927年11月26日，他与祖母乘坐锡克绍拉号（Sixaola）轮船，专程护送碧玉、早英、早舞和早刚4名子女回国读书，同行还有堂伯公罗谭基的次子罗冠珍等4人。

1928年初，祖父一行10人回到了中国。

1927年12月26日，祖父母罗定朝、何瑞英携子女罗碧玉、罗早英、罗早舞、罗早刚和同村堂兄弟子女一行11人，从牙买加乘坐锡克绍拉（SIXAOLA）号轮船返回中国的《旅客乘船清单》（Paula Williams Madison供图），其中：

序号13："Lowe Samuel"为祖父罗定朝；

序号14："Woo Lowe Chow"为父亲罗早舞；

序号15："Lowe Adassa"为姑姑罗碧玉；

序号17："Young Lowe Chow"为伯父罗早英；

序号18："Lowe Granville"为堂伯父罗冠珍。

图80：序号2："Yin Ho sue"为祖母何瑞英；

序号3："Kong Lowe chow"为叔父罗早刚。

一场突如其来的大火

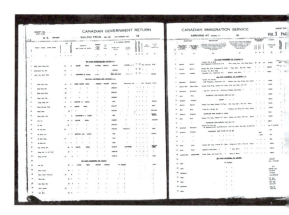

1928年12月13日，祖父母从香港乘坐廷达瑞尔斯（TYNDAREUS）号轮船返回牙买加的《旅客乘船清单》（Paula Williams Madison）供图），其中：
序号28："Hoo shue Yin"为祖母何瑞英；
序号29："Lowe Samuel"为祖父罗定朝。

安顿好4名子女后，1928年12月13日，祖父母再次拜别堂前众亲，乘坐廷达瑞俄斯号（TYNDAREUS）轮船，从香港出发重返牙买加。

跨越大洋的航程依旧单调枯燥，但祖父的心情早已不似第一次前往牙买加时那样忐忑不安和迷茫无助。晨起看着广袤无垠的大海上潮起潮落，云卷风舒，祖父心潮澎湃思绪万千：现在的罗氏公司兄弟一心，资本雄厚，市场成熟；假以时日，公司规模必能百尺竿头再进一步，挺进首府金斯敦也不无可能……

万万没有想到，万里之外的牙买加已是风雨欲来，乌云压城，一直

1928年12月24日，牙买加《拾穗人口报》第24版的报道版面（Paula Williams Madison 供图）

盘旋在这个海岛上空的"反华潮流"犹如一只"黑色幽灵"，随时准备吞噬它心仪的"猎物"。

10天之后的12月23日，在这个无数圣·安斯贝人无法忘记的噩梦一般的平安日前夜里，一伙暴徒冲到城市主街道上的几间大商铺门前，点燃了罪恶的火种。

1928年12月24日，牙买加《拾穗人日报》第24版以"火！火！圣·安斯贝在哭泣！"为题，报道了这场火灾发生时的惨烈情景："木质材料助长了火焰的燃烧形成了大火，大火波及地面上的六幢建筑物。由于当地消防设施落后，缺乏施救水源，加上消防队在报警之后的15分钟才抵达火灾现场，大部分建筑物早已化为灰烬。"但这还不是最坏的情形，因为即使商铺侥幸逃过火神之手，也难以躲过当地人肆意抢掠的噩运。"而到早上为止，已有几人因持有被烧毁的房屋中的物品遭到了逮捕"。

圣·安斯贝主街道上，祖父那间最繁华的"中国商店"同样未能逃脱命运之手的捉弄。"被完全烧毁的商铺如下：……塞缪尔·罗兄弟商店，大火造成的经济损失多达几千英镑，部分损失可获保险公司赔偿。各方都对这场灾难的所有受害者深感遗憾并表示同情。"准确的经济损失统计数字刊登于4天后的新闻报道："圣·安斯贝那场大火造成的损失，估计达18,150英镑，只有小部分受到了保护。6年前，这个镇上也发生过一场火灾，但比起这场火灾来说，就显得微乎其微。……塞缪尔·罗兄弟商店的商铺与房屋价值1,150英镑（没买保险），商品货物为5,000英镑（买了2,000英镑保险）。……"这一连串冷冰冰的数字，真实反映了这场火灾给祖父商铺所造成的惨重损失！

1929年1月中旬，经过月余的航行，祖父终于抵达圣·安斯贝。看着眼前的一片残垣败瓦，想到多年奋斗一夜之间灰飞烟灭，真是欲哭无泪！

远渡加勒比
彼岸的祖父

废墟上的再次崛起

性格决定命运。一个拥有坚毅性格的人绝对不会成为环境的牺牲品。大火烧毁了祖父的商铺，却无法摧毁他的坚强意志。

1929年1月21日，《拾穗人日报》上刊登了一则通知，全文如下："我们向我们的朋友和顾客宣布：我们位于圣·安斯贝主街道24号的商铺将临时重开营业，以往所享有的经商礼遇将会继续。我们十分感谢你们过去对我们的支持，并希望你们将一如既往地继续光顾。塞缪尔·罗兄弟商店，圣·安斯贝。"这一天离那场带来巨大火灾的发生，还不到一个月。

客观地说，在瓦砾之中重新起步，虽不像当年摩可小镇创业那样艰辛困苦，但也绝非易如反掌。依托原有的商业网络和良好人脉关系，祖父兄弟的批发和零售生意得到一定程度的恢复。然而受店面、仓储和资金等因素掣肘，恢复商业规模之路始终十分缓慢。

祖父向他的兄弟建议：能否利用2,000英镑的保险赔偿金和部分贷款，在圣·安斯贝重建一个更大规模的"中国商店"，实现零售业和批发业的迅速恢复和规模扩张。这个想法遭到了献朝伯公和仕朝叔公的反对，他们认为将所有的鸡蛋放在一个篮子里，与"赌博"无异，稍有不慎，便会鸡飞蛋打。在这个关键问题上迥然不同的态度，导致塞缪尔·罗兄弟商店的合作基石出现了一道无法弥补的裂痕。此后不久，仕朝叔公从公司中退股，并在当年10月带着次子罗英生（混血）返回了中国；没过多久，献朝伯公也带着儿子德诚另起"炉灶"。

重建事业内外交困、举步维艰之际，骨肉手足反倒先后离己而去，

1929 年 10 月 19 日，叔公罗仕朝携子罗英生乘坐圣马丽亚号（Santa Maria）轮船从牙买加返回香港的《旅客乘船清单》（Paula Williams Madison 供图）

祖父内心的波澜无从查考。唯一可知的是，无论前路如何崎岖难行，荆棘密布，他都没有失去勇气，失却信心。

1929 年 7 月 30 日，当地媒体刊发一则报道，全文如下：

"圣·安斯贝 7 月 26 日讯——城里被称为'青柠街'的这片土地上，也就是去年 12 月 23 日被大火烧吞噬得片甲不留的地方，现在却有了一派全新的景象。几乎所有的房子都已经重建，并将在几周之后重新开张营业。一栋全新的大楼在海（Hay）女士房屋的旧址上重建，现在已经属于曾在对面经营药房和日用品商店的斯科特（W. H. Scott）先生。塞缪尔·罗兄弟商店也建起了一栋精巧的两层楼来继续经营他们的批发和零售生意，现在已经使用二楼了。商店几乎所有的新楼都将使用电灯照明，让它们看起来会更加辉煌。"

短短一年多的时间，祖父不仅完成了一座建筑面积达 816 平方米的"中国商店"的重建，还恢复了一定的商业规模，令人咋舌！我相信，激励祖父前行不辍的正是客家人勇于面对困难的天赋禀性，是客家人骨子里那种"特立卓行"的精神。

祖父新建的这座建筑物，当地媒体还有更多的报道："那座位于圣·安斯贝主街上，正面宽度为 75 英尺（约 24 米），深度为 55 英尺（约 17 米）

远渡加勒比
彼岸的祖父

2013 年 4 月，女儿罗思其在海外亲人的陪同下，来到了牙买加圣·安斯贝。祖父 1929 年重建的那幢商场，仍然挺立在这个省会城市的主街道上（Paula Williams Madison 供图）

的全新两层混凝土结构的建筑物，最近属于塞缪尔·罗。对于一个进取的商人来说，这是一座一流地段上的商铺。""中国商店"里经营的商品，更是琳琅满目、品种繁多。包括食品、杂货、葡萄酒及烈酒、文具、药品、餐具、香水、小件饰物等，很像现在的小型超市。这一时期的祖父，更多地使用汽车来配送货物（见 1931 年 2 月 5 日、11 月 18 日、12 月 24 日《拾穗人日报》相关报道）。

尽管祖父付出了常人难以想象的勤奋和努力，积极善后并重整旗鼓继续经营，但由于失去兄弟的支持和帮助，他始终还是未能够挽回之前的全部客户，恢复到火灾前的商业规模。而接下来的巨大冲击，更是超出了祖父的预期和判断。

回中国去

正所谓"天有不测风云"，正当新的"中国商店"生机勃勃，祖父壮志满怀意欲彻底走出"火灾"阴霾之时，命运再次对他露出残酷无情的面孔。1929 年 10 月 24 日爆发的世界经济危机和随之而来的经济大萧条席卷整个资本主义世界，并逐渐波及殖民地、半殖民地国家和地区，牙买加也难免其殃。

牙买加的经济萧条，直接影响殖民政府的财政开支。1930 年 10 月 17 日，圣·安斯贝市政府刊登公告称："原耗资 6,500 英镑改造圣·安斯贝供水系统工程，并打算在未来三十年内，通过向纳税人征收双倍税费来偿还投资的计划。此提议由于受到税费缴纳人的反对，他们在提交的一份请愿书中说，鉴于近期牙买加的经济萧条，以及近期内都不见好转的经济情况下，在三十年内征收双倍税费来偿还工程开支所需的贷款及其利息，将会十分艰难。因此，工程将会延期进行。"

在经济危机的巨大冲击下，消费市场刚性需求急剧下降，批发产业链底端的小批发商和零售店纷纷结业，即使侥幸幸存，规模也大幅萎缩。这一时期，中国商人破产常常见诸报端，祖父的批发业务日渐艰难。1931 年 12 月 3 日《拾穗人日报》报道，一个在圣·安斯贝从事商业活动名叫杰斐逊·罗（祖父的同村侄儿）的中国商人，在向法院申请破产时陈述：他欠他的叔叔塞缪尔·罗 700 英镑。

纵然面临如此窘境，祖父依然不改积极向上、乐观豪爽的性格。1930 年，他积极响应宗亲族人号召，以罗氏兄弟三人的名义，捐资助建

1933 年 3 月 15 日，叔公罗仕朝乘坐 "PRESIDENT ORANT" 号轮船，从香港重返牙买加的《旅客乘船清单》（Paula Williams Madison 提供）

《清单》序号 12："Lowe Sue Chow" 为叔公罗仕朝。

龙岗平冈中学。

经济萧条导致就业恶化，更进一步加剧了当地的民族矛盾，牙买加社会环境极度动荡。1931 年初，从安全角度考虑，祖母搬到首府金斯敦居住（期间生下了碧珍、碧霞两位姑姑），祖父继续坚守在圣·安斯贝。1932 年，随着经济危机影响不断扩大，看不到任何经济复苏迹象的祖父，决定申请公司破产，变卖名下商铺房屋（816 平方米）、商业用地（约 2,030 平方米）和库存商品，结束牙买加的生意（1931 年 12 月 24 日、1932 年 1 月 16 日、3 月 9 日《拾穗人日报》相关报道）。

1933 年，叔祖仕朝公重返牙买加，祖父准备启程回国。临行前，他对弟弟说道："这次离开即是永别，其余诸事都已安置妥当，唯有留在牙买加的女儿内尔·薇拉和儿子吉尔伯特是我心中放不下的两块大石，以后还要拜托你这个做叔叔的多加眷顾。"祖父嘱托叔公日后若有可能，将吉尔伯特伯父带回中国（因叔公次年去世而未能如愿）；又留下一对珍珠耳环，交托叔公如果有一天见到内尔·薇拉姑姑，就对她说："父亲让你留着。"

1933 年 7 月 30 日，祖父母携同女儿碧珍、碧霞，乘坐阿德拉斯托斯号（Adrastus）轮船依依不舍地离开牙买加，踏上返回中国的航程。

这种社会现象的背后，饱含着客家男人**漂洋过海的苦涩辛酸**、买加女人的悲戚伤感和**混血后裔的失落迷茫。**

第六章
牙买加伴侣与中国夫人

牙买加伴侣

传统的中国人认为，家庭就是一夫一妻共同生活、养育子女。但在牙买加，一直以来并没有男女一定要结婚的传统。当地人认为男女之间只要有了感情就可以同居生子，感情不合则分道扬镳，各自安身立命。这种婚姻家庭模式被称为普通法婚姻（common law marriage），同样受法律保护。

堂伯父罗英生（中葡混血，堂哥罗欣荣供图）

在这种社会背景下，19 世纪末 20 世纪初的牙买加，很多客家男人迎娶牙买加籍新娘，或是与当地女性同居组成新家庭。就连成亲后到牙买加谋生的仕朝叔公，也同样有了自己的混血子女。漂流海外的孤独感和生活中承受的各种压力，促使他们通过这种方式来保护自己、寻求慰藉与帮助。这种社会现象的背后，饱含着客家男人漂洋过海的苦涩辛酸、牙买加女人的悲戚伤感和混血后裔的失落迷茫。

当年祖父在摩可小镇创业的时候，20 出头、面容俊朗、身材高挑、皮肤白皙，又没有家眷，自然赢得了不少牙买加姑娘的青睐。年轻的埃玛·艾莉森（Emma Allison）女士，就是其中一位。这个单纯热情的牙买加少女，住在祖父商店不远处的社区，她对来自遥远的东方神秘国度的客家男子充满好奇。他在哪里出生？经历过什么？又是如何漂洋过海来到这个就连牙买加人都不太关注的贫瘠山区的？只要祖父得闲，牙买加姑娘就会过来聊天。

　　一个是仅会说几个英语单词的客家小伙儿，一个是只会说英语、土生土长的牙买加姑娘，可以想象，最初的交流多么困难。但缘分来临时，没有什么能挡得住两颗年轻心灵的靠近。两个彼此有好感的年轻人心意相通，从打着手势比划到简单的英语沟通，感情日渐深厚。有时祖父进货、送货要出门，埃玛·艾莉森女士会替他暂时掌管店面；祖父忙于簿记无暇他顾时，埃玛·艾莉森女士会主动前来帮忙取货、过磅、打包……等到不那么忙时，祖父会洗手作羹汤，做上几道包括"咸菜焖猪肉"在内的客家风味，答谢热心肠的姑娘。

大伯父阿斯顿（Aston）、二伯父罗早泉（Gilbert）和二姑姑罗碧玉（Adassa）出生记录文件（Paula Williams Madison 供图）

罗笑娜外婆艾伯塔·贝丽尔·坎贝尔晚年时照片（Paula Williams Madison 供图）

1974年，大姑姑内尔（罗碧珊），在家缝制衬衫的情景

远渡加勒比
彼岸的祖父

　　大概从 1915 年起，祖父与埃玛·艾莉森女士开始同居生活，一同创业。1916 年，他们的第一个孩子——我的大伯父阿斯顿（Aston）出生，但不久即不幸夭折；1918 年，两人再添一女，就是我的二姑姑阿黛莎；1920 年，二伯父吉尔伯特出生。

　　1917 年前后，祖父在摩可的"中国商店"经营规模有所拓展，需要经常出门到首府金斯敦、省城梅鹏以及周边城镇办货。在某一次前往金斯敦办货的行程中，祖父结识了另一位名叫艾伯塔·贝丽尔·坎贝尔的牙买加姑娘。大城市里的女子无论是外貌气质、生活情趣，都胜过乡村妇女良多，祖父与苗条高瘦的艾伯塔小姐一见钟情，再见倾心，感情突飞猛进。每次去金斯敦办货，祖父都会逗留几天，与她共享"二人世界"的甜蜜与欢乐。1918 年 11 月，祖父的长女内尔·薇拉，也就是我的大姑姑出生。

　　与祖父同居育女，惹来族人的冷眼歧视，艾伯塔女士可以泰然处之，但确悉祖父在金斯敦正式迎娶中国新娘之后，却十分气愤，深觉感情遭到了背叛。所以决定快刀斩乱麻，彻底离开祖父。

她将年纪小小的女儿送回家乡交给母亲抚养，这个的决定成了内尔姑姑一生痛苦的开端。

在牙买加一个不知名的偏僻山村，内尔姑姑与性情冷漠的外婆共同生活。在本地人排外情绪逐渐升温的时代，源自父系血统的白皙肤色、柔和五官，令小女孩饱受冷言冷语。注视她的异样目光使她明白自己是一个长得跟所有人都不一样的小孩，是个"外来怪小孩"。

她还是一个"没有爸爸"的小孩。金斯敦的父女离别成了永别，从此以后父亲坚实的臂膀，温柔的絮语，合心意的小礼物，陪她玩耍、教她用客家话数数的美好时光，都从内尔姑姑的生命中消逝得无影无踪。

更令人心碎的是，不久连母亲也不常出现。艾伯塔女士离开祖父后，很快在金斯敦找到新的幸福。内尔姑姑5岁那年，同母异父的妹妹海厄森斯（Hyacinth）出生了。这个完完整整的黑人小女孩，分走了内尔本就少得可怜的母爱。内尔姑姑在山里孤独的长大，爸爸杳无音信，妈妈几乎不出现，也很少接受正式教育的机会，生活中几乎感受不到一丝爱。糟糕的成长经历，强烈的孤独感，令她近乎偏执地要求自己的三个孩子一定要和睦相处、相亲相爱，她不希望下一代也在没有爱的家庭中长大。

虽然内尔姑姑只上到初一就被外婆勒令退学，但她生性聪慧，在工厂里学得一手好缝纫活。不但会剪裁，还能设计衣服，是远近闻名的缝纫师傅，足以用针和线养活自己。虽因家贫，常受排挤，但她真正痛苦的却是遗憾自己未能完成中学学业。霍华德表兄回忆道：母亲从小就很能吃苦，辍学后通过帮人打扫房子、干农活、给牛挤奶来贴补家用。这样艰辛的生活令在纽约大都市长大的表亲们无法相信，但一直折磨着内尔姑姑的并不是无尽的苦活，而是生活中无所依靠、无人倾诉的寂寞、恐慌与孤独。在去牛奶场上工的路上，聚集着一群下等黑人农工，弱不禁风的她从没有那么急切地渴望过父亲的存在，或者是任何一个男性亲戚的存在，哥哥弟弟，爷爷外公，甚至是叔叔伯伯都可以。

在葆拉表姐的《寻找罗定朝》一书中，她描写了内尔姑妈当时的心情。这种渴望一直延续着。1933年，内尔就快满16岁了。

经过努力，她终于找到了祖父位于圣·安斯贝主街的店铺。穿上自己精心设计缝制的服装，想象着与父亲温馨团聚的场面，她鼓足勇气走进店铺。熟悉的味道扑面而来，香料、干

远渡加勒比
彼岸的祖父

少女时期的何瑞英（左，定朝家族供图）

货、衣服和菜油的味道混在一起，唤醒了沉睡多年的记忆。遗憾的是此行她只见到了父亲的几个兄弟。他们告诉她，你父亲刚刚启程返回中国，并且永远不会再回来了。告别之前，仕朝叔公送给她一对珍珠耳环，说："你的父亲让你留着。"从那以后，她就完全失去了自己父亲的消息。直到2012年夏天，内尔姑姑的女儿，居住在美国的葆拉女士遵从已故母亲的遗愿和嘱托，前来中国寻根。至此我的父亲才知道了祖父那段鲜为人知的感情往事，家族历史中所缺失的那一部分空白得以填补完整。

客家贤内助

1920年，祖父与当地牙买加女人同居生子的消息传回罗瑞合村，思想守旧的曾祖父裕修公听后急得像热锅上的蚂蚁。他十分后悔，次子定朝没有像长子献朝和幼子仕朝那样，在离家远赴加勒比之前娶妻生子。不过，亡羊补牢为时未晚。唯今之计是赶紧为在海外的儿子"隔山娶妻"，说门亲事。谭元亨在《客家圣典》第321页提到，所谓"隔山娶妻"，是那些在海外谋生的客家男子，由于无法回到家乡，在外又未有正式成亲，托媒说亲时只好托人带回照片或者描述大概；如果家长同意，女儿又愿意，就随来人或者亲友一同出海，远嫁他乡。

没隔多久，在勤劳贤惠、做事干脆的曾祖母叶氏操办之下，祖父的婚事有了眉目，两位老大人相中了惠阳县横岗和合村一位客籍何姓商人之女。

这位芳名瑞英的何姓闺秀，就是我的祖母。她出生在惠阳横岗，年幼时便随父母移居广州越秀何家书院，并在那里完成私塾教育。其父何植生为横岗客家大户，在广州荔湾十三行经营参茸生意，家境殷实，与身为望族"鹤湖罗氏"大房后人的祖父，也算是"门当户对"。其时祖父远赴牙买加艰苦创业十年有余，生意颇具规模，与不少来自横岗的何氏商人有生意往来。很快，通过与祖父相识的何氏族人之口，对未来女婿人品性格、经济状况都有所了解的外曾祖父答应了这门婚事。就这样，何氏瑞英遵"父母之命，媒妁之言"，成了祖父未过门的妻子。

罗家对于这门亲事非常重视，按照"鹤湖罗氏"传统，遵循说媒、传庚、

远渡加勒比
彼岸的祖父

1920 年 12 月，祖母何瑞英抵达牙买加首府金斯敦后，曾入住公主街 48 号楼。图为该楼旧照

下定、过礼、拣日、迎亲等六个程序，尽心筹办了一场传统的客家婚礼。

客家人的婚嫁习俗源自周朝"三书六礼"的传统婚俗，程序复杂，礼节讲究。

说媒：旧时客家男女择偶多是遵"媒妁之言，父母之命"。由男方家委托媒婆去女方家说媒，女方家同意后，这门亲事就算说定。

传庚：征得女方家同意后，媒人将写有女方生辰八字的红纸（即庚帖）送到男方家，请算命先生与男方的生辰八字放在一起"合八字"。如果八字相合，便称"合婚"，然后，男方写好"庚帖"，带些果饼之类报告女家，称"报好"，婚姻关系初步约定。

下定：即男方择日以金银首饰、衣料、果饼等物品行聘。女方家收卜这些礼物，则表明双方的婚姻关系已经正式确定。

过礼：则是订婚之后，男方择日向女家下聘金聘礼。普通人家的礼品是"六鸡六盒"（即六只活鸡和六盒什锦物件），除此之外，还有一头生猪。富裕的家庭有送"八鸡八盒"或"九鸡九盒"，两头生猪，或者一头生猪和相应的钱。六，八，九分别代表福禄，发家，长久。

拣日：也称"做定""定佳期"。男方请算命先生择订婚礼日期，具体时辰以及新娘进男方家门的时辰，然后告知女方。女方家可以提出意见，双方再做协商。此后两家着手准备，一般会有半年左右的准备时间。

迎亲：因为新娘入门的时辰不能超过午时，所以婚礼当天新郎家的迎亲队伍很早便出发接新娘，新郎则在家等候。先由一人挑两只公鸡（用红色鸡笼装）到新娘家，换回一些种子、番薯、松柏等物，然后这个人要在新娘未出门前回到新郎家。

在罗瑞合村举行的这场客家传统婚礼，由于新郎缺席，只能略作"变通"。如"迎亲"环节中的"拜堂"：新娘进门后，一对新人要在宗祠跪拜天地、祖宗，再拜父母及长辈，新娘用红茶杯向公婆敬献象征幸福甜蜜的冰糖茶以谢亲恩；父母和家族长辈也会回赠新人红封"利是"以及一些礼品，祝福他们白发齐眉、早生贵子、百子千孙。祖父母的婚礼因为是"隔山娶妻"，据母亲回忆，祖母是与一只大公鸡拜的堂。

虽然本应热烈喜庆的婚礼索然无味、不尽如人意，但幼承慈训、贤良淑德的祖母对此毫不在意。拜过罗氏祖先的她内心只有一个强烈愿望，就是尽快前往牙买加与丈夫会合，与素未谋面的那个他组建一个温馨家庭、撑起半边天来！

1920 年 9 月 9 日，祖母在惠阳籍"水客"的带领下，乘坐安雅玛鲁号轮船，从香港出发，经停加拿大温哥华的维多利亚港后，再穿越巴拿马运河，抵达牙买加首府金斯敦。在那里，等待她的是另一场盛大的西式婚礼。

这场令祖母得偿所愿的婚礼，由外曾祖父何植生一手促成。这位在"广州十三行"打拼多年的商场老手，对爱女的婚事考虑得十分周详。他了解性格坚韧隐忍的女儿，不会对国内那场没有新郎的婚礼心有不满；但他也明白，结婚对思想传统的客家女子来说，是一生仅有一次的大日子。试问，闺中女儿哪个不对自己的婚礼心怀欢喜、充满憧憬？一片拳拳慈父之心的外曾祖父，实在不愿爱女心中因此留有一丁点遗憾。所以，

远渡加勒比
彼岸的祖父

MARRIAGE (DUPLICATE) REGISTER

No.	When Married.	Name and Surname.	Condition.	Calling.	Age.	Parish and Residence at the time of Marriage.	Father's Name and Surname.
18.	December Twenty seventh 1920	Samuel Lowe Ho Shui Ying	Bachelor Spinster	Shopkeeper	Thirty Twenty	Mocho Clarendon Kingston 48 Princess Street.	Lowe Yan Ho Chit Sang

Married at the Parish Church, in the Parish of Kingston by me Harold King Page M A, a Marriage Officer of the Island of Jamaica.

This Marriage was celebrated between us   Samuel Lowe   in the presence of us   Lee Ang Chung
                                           Ho Shui Ying   M. Chen.

DEC 1920

1920 年，祖父与祖母在牙买
加首府金斯敦登记结婚的记录文件
（Paula Williams Madison 供图）

早在国内洽谈婚约时，他便提出婚礼必须"中西合璧"：女儿到了牙买
加，一定要依照当地西人的方式再办一次婚礼。而且两个环节必不可少：
一是在牙买加有影响的报纸上刊登婚讯，彻底清理祖父与当地女人的感
情瓜葛；二是在牙买加办理正式婚姻注册登记，从法律上确定祖父母的
婚姻关系。

在美国表亲的帮助下，我在牙买加 1920 年 12 月 23 日《拾穗人日报》
第 2 版上找到了祖父母婚讯的报道，上面写道："来自摩可镇的萨缪尔
罗先生与金斯敦何植生之女何瑞英女士，将于 27 日（1920 年 12 月）星
期一上午 10 时 30 分在金斯敦教区礼堂准时举行。"在金斯敦教区礼堂
完成这场婚礼后，祖父还在金斯敦的"中华会馆"内大摆筵席，宴请牙
买加的"致公堂"兄弟、宗亲乡里和生意伙伴，为这桩"中西合璧"的
婚礼画上了一个完美的句号。

客家人有句俗话"没有老婆不成家"。客家山歌里也唱道:"客家妹子真唔差,会花会算会当家,茶油煮出猪油菜,布惊泡出嫩细茶。"长期以来客家男子重视学习、轻视农工,喜欢外出谋生,客家女子便挑起了生产劳动、料理家庭、教养子女的重任,是家庭当仁不让的顶梁柱。她们终年不敢懈惰怠慢,不知疲倦地为着丈夫、儿女、子孙后代,默默奉献青春韶华和毕生精力。美国传教士罗伯斯密斯,在客家地区居住多年,著有《中国的客家》一书,评价称:"客家妇女,真是我们所见到的任何一族的妇女中最值得赞叹的了;在客家中,几乎可以说,一切稍为粗重的工作,都属于妇女的责任……"

我的祖母,就是一位集传统客家女性所有美德懿行于一身的客家媳妇。她的一生,对爱人体贴、顺从,对子女关怀、疼爱;对丈夫的事业全力支持,毕生劳作却毫无怨言,是位无可挑剔的"贤内助"。

到了牙买加,祖母自觉担起女主人的重担,协助祖父圆满解决了好几桩棘手的问题。头一件,就是妥善处理祖父与摩可镇埃玛·艾莉森女士之间的关系。祖母跟祖父商量后提出:终止两人之间的关系,并给予埃玛·艾莉森女士一定数额的经济补偿;两个子女是祖父骨肉,遵从中国传统观念,应随祖父母一起生活。埃玛·艾莉森女士对终止关系和经济补偿数额没有异议,但两个子女都是娘的心头肉,她委实不舍与他们分离。同为女人,祖母对此感同身受,与祖父重新商议两个孩子的去留问题。最终,双方在互相理解和尊重的基础上,达成了一致意见:儿子吉尔伯特随母一起生活(其成年后可以照顾母亲),而女儿阿黛莎则与祖父母一同居住。

第二件事是提议祖父三兄弟紧密合作,扩大生意规模。其实当时祖父经过十余年奋斗,生意已从二三十英镑的小本经营,发展到固定资本超过 1,000 英镑、零售批发兼而有之的中型企业。祖母目光长远,她认为,罗家的生意想要再进一步,必须兄弟同心、形成合力。这个倡议得到了

1928年,祖父母与子早英、早舞和早刚合照于广州（定朝家族供图）

三伯父罗早英、四伯父罗早通、大叔父罗早刚、二叔父罗早旺、三姑姑罗碧珍、四姑姑罗碧霞在牙买加出生的记录文件（Paula Williams Madison 供图）

献朝伯公和仕朝叔公的同意。随后，祖父与仕朝叔公共同出资 1,000 英镑（献朝伯公因经济状况欠佳没有出资，其中 80% 的出资由祖父承担）组成兄弟公司，在圣·安娜省会圣·安斯贝城开办了一家规模更大的日用品零售、批发商场。这次整合成功促使祖父从小便利店店主向商业批发企业家转变。

最后一件，就是恪尽女性天职，生儿育女，为罗氏开枝散叶、延续香火。1923 年至 1933 年的 10 年间，祖母先后诞育 7 名子女，分别是三伯父罗早英（1923）、四伯父罗早通（1924）、父亲罗早舞（1925）、叔叔罗早刚（1927）、二叔父罗早旺（1929）、三姑姑罗碧珍（1931）和四姑姑罗碧霞（1933）。由于生育过于频密，加上当地医疗卫生条件差，三伯父早通、二叔父早旺出生不久便令人痛心地夭折了。

20 世纪 60 年代中，祖父开始[体]
弱多病。1967 年 5 月 13 日, 他在"[病]
娄"与世长辞, 走完了命运多舛、
跌宕起伏的一生, 享年 78 岁。

第七章

回到中国

远渡加勒比

彼岸的祖父

衣锦还乡

来往牙买加与中国之间的远洋轮船（来自《寻找罗定朝》纪录片）

1929 至 1933 年，世界经济危机引发的经济大萧条，席卷整个资本主义世界，并逐渐波及至其他殖民地、半殖民地国家。由于当地政治、经济、社会、生活环境不断恶化，大批华人陆续离开其侨居国或地区，形成 20 世纪 30 年代初华侨返回祖国的"浪潮"。

1933 年 7 月 30 日，祖父母携同三女碧珍（Barbara Hyacinth）和幼女碧霞（Anita Maria），与许多旅居牙买加的客籍华侨一道，乘坐阿德斯拉托斯号轮船，从金斯敦港出发，踏上返回祖国的旅途。

轮船徐徐驶离码头，朝着加勒比海深处驶去。祖父凭栏眺望，依依不舍，直至这个被称为"林水之乡"的岛屿完全消失在视野之中。

从未及弱冠之年，漂洋过海来到加勒比，到今朝事业有成惜别牙买加，在这片土地上，他足足奋斗了二十多年。回望来时路，往事历历在目，怎不让人百感交集，思绪万千！二十多个春秋寒暑，奉献了人生中

远渡加勒比
彼岸的祖父

1933年7月30日，祖父罗定朝、祖母何瑞英携带女儿罗碧珍、罗碧霞，乘坐阿德拉斯托斯号轮船从牙买加返回中国的《旅客乘船清单》（Paula Williams Madison 供图）。其中：

序号8："Lowe Samuel"为祖父罗定朝；

序号9："Lowe Swee Yinn"为祖母何瑞英；

序号10："Lowe Barbara Hycinth"为姑姑罗碧珍；

序号11："Lowe Anita Maria"为姑姑罗碧霞。

最美好的青春年华，经历了数不清的风风雨雨，跨越了不计其数的沟沟坎坎，付出了常人难以想象的努力，始换来成功的喜悦……在那里，他艰难拼搏、自强不息，既饱尝过创业的辛酸，也尽享过成功的喜悦；在那里，他英雄情长、柔情似水，拥有过心仪的女人，还留下了两个亲生骨肉，心中那根情丝，盘缠多年却始终难以割舍！

远去飞鸟，故园是永恒的牵挂；船儿漂泊，始终惦记着港湾；奔波的旅人啊，心底时时刻刻牵挂惦念着的还是家乡！归途路漫漫，思乡情切切。在对家乡白发老母亲的想念中，在对4个先期回国子女的牵挂中，1933年秋天，祖父母乘坐的轮船终于顺利抵达香港。

客家先民世代居住在中原地区，儒家思想是客家人的主要文化传承；儒家重视伦理道德，崇尚"百善孝为先"。祖父母十分重孝道，回国的头一件事，就是回到老家——罗瑞合村，拜见年迈的母亲。曾祖母叶氏见到在外辛苦打拼多年的儿子一家衣锦还乡，也是满心欢喜。高兴之余她与儿子商量，能不能尽快安排好两件事情：一是宗祠祭祖和坟前扫墓；二是大摆筵席，答谢宗亲族人。荣归故里的祖父遵从母命，将这两件事情办得隆重得体、风光热闹，既尽了孝道，也为乱世中的罗瑞合村带来了不少欢乐。

定居省城

1933 年底，祖父拜别高堂老母，离开罗瑞合村，踌躇满志地来到省城广州，最初借居于越秀区外曾祖父何植生居住的何家书院。

何家书院据传为粤东嘉应州客籍何氏秀才来省城参加科举乡试的落脚之处，庭院至今仍存留客家建筑风格的影子。刘丽川老师在《深圳客家研究》（第二版）第 279 页中提到，自 1905 年（清光绪三十一年）中国废除科举制度，推行现代学校教育起，何家书院逐渐变成何氏宗族前来省城经商创业的居住之所。

在何家书院，拜见过阔别多年的岳父母、大舅兄后，祖父和祖母被孩子们簇拥着来到后院。看到寄养在何家书院的几个小儿女碧玉、早英、早舞和早刚，健康活泼、灵动可爱，个头也长高了许多，做父母的打心眼里感到高兴。几个哥哥姐姐也争相将第一次见面的两个小妹妹搂在怀里，不住亲吻。一家团聚，其乐融融！

搬到广州后不久，祖父母开始筹划布局定居省城、重新创业的"发展大计"。其实，早在 1927 年，祖父牙买加的商品批发生意仍鼎盛之时，祖母就建议祖父："常言道天有不测之风云。牙买加实属蛮夷之地，种族矛盾突出，还是居安思危，早作两手准备的好。"对此，祖父深以为然。在得到公司合伙人——伯公、叔公兄弟的同意后，他开始每年转移一部分资金回国内，并委托祖母的哥哥何吉泉在广州置办物业，以便将来不得不离开牙买加回国时，有个落脚之处。到了 1930 年，祖父已经在广州购得两处物业：一处是位于广州越秀区西湖路龙藏街 76 号的一幢两层半"唐楼"；另一幢平房，地处越秀区观音山（现在的越秀山）脚下镇海路边，占地 100 多平方米。

即使在今天看来，祖母的建议也颇有见地。省城广州人口稠密、市容繁盛，是当时中国最重要的对外通商口岸之一，商业机会众多。加上祖母的哥哥何吉泉在国民政府供职，这位舅公毕业于政法学院，同窗大都是政府官员，人脉甚广，能为祖父再次创业提供一些助力。

祖父虽然在广州有两处物业，但由于回国之前，西湖路的"唐楼"一直租赁给他人开办印刷厂，每月的租金是一笔可观的收入；观音山的平房弃用多年，残旧破败，根本无法居住。尤其是多年来碧玉姐弟四人在何家书院随外公外婆生活，与表兄弟姐妹们朝夕相处、情意深厚，大家不愿意分离。因此，在得到外曾祖父同意后，祖父与祖母决定暂住何家书院。

暂住何家书院，还掺杂有祖母的一些私人情感。祖母觉得自己远嫁牙买加，漂泊海外十余年，父母膝下未得一日承欢；反而是四个子女寄养娘家多年，给双亲增添了不少麻烦。如今既已返乡，自然是与父母一同居住，以尽为人子女的孝道，也能在金钱上给予补偿。1934年，外曾祖父位于广州朝观街26号的四层小洋楼竣工，祖父一家也住了进去。

这样聚亲而居，没多久也遇到了问题。不说其他，三个家庭二十来口人，每天光是安排三餐膳食，主妇就十分头痛；屋里十来个不大不小的孩子，整日上蹿下跳，常常扰得老人难以安静休息。几个月后，祖父母便租下朝观街29号一幢两层半的旧式"唐楼"，与外曾祖父望门而居。这一时期，应该是祖母人生中最开心的日子，因为她既可以与丈夫子女朝夕相处，又能与父母兄嫂比邻而居，彼此关照。

良园虽好，终非久居之地。1934年下半年，祖父决定将观音山脚下镇海路的那间100多平方米的平房，改建为一栋三层小洋楼，供全家居住。一楼临街，既可以自住，又可以做铺面；二、三楼间成小屋租给学生（当时旁边有间中学，就是今天的广州市第二中学）。1935年初，小洋楼正式落成，祖父举家迁入。半年后，祖母认为新住处离娘家还是远了些，感觉十分不便，一家人又回迁朝观街29号，再未回过那幢小洋楼。

重新启程

要安居，更要乐业。回国没多久，祖父便同步筹谋"乐业"大计。他对自己精湛的厨艺信心十足，更加看好广州人"好吃"的习性，内心萌生开办酒楼的念头。

1934年上半年，做足了"功课"的祖父，在广州市越秀区中华中路（新中国成立后更名为"解放中路"）的闹市地段，精心挑选了一间店面，开了一家名为"别有天"的酒楼。

中华中路全长554米，建成于1930年，是"四牌楼"所在地（当时广州的地标性建筑）。西侧的朝北段，一溜儿的电器元件生意；陶街则是卖家用电器成品、廉价的收录机、音响、电视和小电器的"电器一条街"；而"四牌楼"的周边，又是"估衣专业街"。这里人声鼎沸，摩肩接踵，非常热闹。

广州"四牌楼"闹市，起源于明嘉靖十三年（1534），最早是指现解放中路口与朝天路口之间中山六路段周边的四座木质牌坊：惠爱坊、忠贤坊、孝友坊、贞烈坊。惠爱坊纪念的是历代自中原入粤的67位名宦；忠贤坊纪念的是广东的49位乡贤；孝友坊纪念的是广东的54位仁者；贞烈坊纪念的是广东的55位节妇。清朝时，四牌楼与广东巡抚署彼此映衬，圈出一个人型商业街区，全称四牌楼市。

历史充满惊人的巧合。鹤湖罗氏开基祖瑞凤公，44岁那年从粤东兴宁迁至龙岗创业；1933年祖父回国准备在广州重新启程时，也正好44岁。祖父心中暗自希望这个巧合，能给自己带来一些好意头。

不过，瑞凤公创业之初，正值社会稳定、经济繁荣、国力强盛的"康乾盛世"，可算是命运的宠儿；而祖父所处的20世纪30年代，却是内战频仍、经济凋敝、社会动荡的乱世。在这样的艰难时势中谋发展，谈何容易！

当年，瑞凤公"善观时变"，在龙岗墟市上，敏锐地观察到赶墟的乡亲都喜欢带上几斤糯米酿制的"娘酒"回家自饮，又亲口品尝确认墟上所卖"娘酒"不如自家酒香后，才毅然决定弃农从商，做起酿酒生意并取得了成功。这种善于观察市场，准确捕捉消费群体和产品的能力，是瑞凤公生意制胜的关键和创业成功的法宝。与之相比，祖父对整个商业大环境的洞察能力和适应能力还稍逊一筹。

虽然祖父具备不畏困难、勇于开拓的胆色和勇气，敢在这个号称"食在广州"的大都市试水从未涉猎过的饮食业，但当年广州饮食店星罗棋布、鳞次栉比，举凡酒家、茶楼、茶室、茶寮，乃至晏店、小食店，比比皆是，竞争激烈。"别有天"酒楼，规模较小，又面向以广府人为主的消费群体，想要从众多食肆中脱颖而出，就得围绕广府人的饮食偏好，搞出点精品、特色来。偏偏祖父之前并没有饮食行业的经营经验，"别有天"酒楼的早晚茶市，点心品种不多、不精；午晚饭市又缺乏特色、档次不高。经营不到一年，酒楼就宣告结业，在激烈的市场竞争中败下阵来。

1935年上半年，通过舅公何占泉的关系，祖父投标成功，取得了惠阳县淡水镇屠场（专门宰杀生牛的工场）的经营权，开始了他回国创业的第二个计划。

惠阳的淡水镇历史悠久，宋朝末年，名为"上墟"，后改名为"锅笃镇"。明朝年间，朝廷为警卫海疆，设置淡水卫城，保护大亚湾沿海区域。清乾隆初期，经济发展、人口增长，水、陆交通十分便利，淡水墟逐渐发展成为远近闻名的大集镇，并设有"司署"等行政管理机构。鸦片战争后，惠阳与香港之间的进出口贸易主要在淡水集散，商业贸易发展更加迅猛，形成了"大鱼街""猪行街""灯笼街"和"米街"等专门的商品交易街道。

在客家人的聚居地办实业，祖父颇有心得。"打虎还得亲兄弟，上阵须教父子兵"。他从广州赶回罗瑞合村，找到了同房兄弟罗建迎和他的儿子罗鹤寿作帮手。在谈好工资条件，置办了一些必要的刀具和设备后，三人一起来到了淡水屠场。

屠场生意，看似简单，其实屠宰手、买手、批发、零售一环扣一环，相当专业。祖父既善于与人打交道，又熟悉客家人脾性，他接掌淡水屠场后，很快便将屠场工人们牢牢"黏"在了一起。

按照屠场经营管理协议，当地商贩一律要进入屠场统一屠宰生牛，屠场经营者负责屠宰，按照标准收取相当费用，并在每月指定日期前向政府缴纳定额屠宰"捐税"。当时中国绝大多数农村仍处于小农经济阶段，耕牛是农业生产的主要工具；但在珠三角地区，随着商品经济的孕育发展，耕牛更新换代的速度加快了不少，屠场内需要屠宰的生牛数量也不断增加，屠场生意稳步增长。

祖父在广州的两处物业也使家庭经济状况明显改善。观音山的小洋楼除一间商铺交由堂伯父早面和早强（献朝伯公的次子和三子）经营外，其余两间铺面以及二、三层楼的所有房间都用来出租，西湖路"唐楼"的租金也很可观。

事业逐步企稳，子女健康成长，一切都让祖父对未来充满了希望。

八年抗战的日子

1937年7月7日，日本策动"卢沟桥事变"，抗日战争全面爆发。自北向南，整个中国都陷入了战争之中。家国命运紧密相连，祖父寄予莫大希望的事业逐步走入困境并最终破灭。

1937年8月31日，日军首次空袭广州，引起市民极大恐慌，为躲避战火，大家纷纷撤离广州。祖父闻讯从淡水赶回广州家中，收拾细软，携同妻儿老小，回到老家罗瑞合村，住进了裕修公留下的一间房（这间房系在宗族长老主持下与献朝伯公析产所得）。经过改造的老屋，虽然没有省城的房子宽敞，但还算舒适。安顿好家人，祖父又匆匆返回淡水，继续经营屠场生意。这次逃难，所有子女都被迫辍学。祖母根据各人情况，安排不同学校。早舞和早刚入读平岗中学；碧玉（在广州没有读书）、碧珍和碧霞入读罗瑞合村中的"诒燕学校"；早英不爱读书，就出来工作，帮补家计。

翻阅日本防卫厅研究室编的《中国事变陆军作战史（第二卷第2册）》，可以了解当时的景象。1938年10月12日，日军第18师团、第104师团和及川先遣支队等部4万余人，分三路在大亚湾登陆，淡水失陷。祖父被迫结束屠场生意，重返罗瑞合村。1939年，广州又传来另一条坏消息，位于广州观音山的小洋楼被驻扎的日军，以拓宽马路、方便军车进出为理由强行拆除。同年，平岗中学停课，早舞、早刚（后随外婆生活）再次失学。祖父一家宁静的乡村生活被日军的枪炮声彻底打破。

一下子失去屠场和观音山出租物业两个主要生活来源，祖父陷入人

远渡加勒比
彼岸的祖父

生中最困窘的境地。为维持生活，祖父发出"动员令"，除了碧珍、碧霞两个小女儿继续读书外，家中其他所有人都必须出去工作。

1939年至1945年间，祖父主要靠贩卖从香港带回一些药品和洋杂货等小商品，从中赚取微薄价差维生；有时也会在龙岗墟上组织生牛屠宰，搵点辛苦钱。香港沦陷之后，"跑单帮"更具风险，若是被日军发现，不仅物品充公，有时还会遭好一顿毒打。无奈之中，祖母带着碧玉姑姑（1943年结婚后，随着当西厨的丈夫刘章屏去了广西桂林）在罗瑞合村故居门前的大道边，搭上棚架，做起了小贩，为逃难路人提供茶水、白粥和干粮。大伯父早英（后随姐姐碧玉去了广西桂林）是家中长子，祖父为他买来一辆自行车，专门为有需要的人提供交通运输服务（当年农村鲜少有汽车等交通工具），来来往往赚的都是血汗钱。初中还未毕业的父亲，则靠着舅公何吉泉的关系，到离家数百公里的河源山区小镇，当见习税务员。纵然全家动员，收入也是时断时续、时有时无。因为只要一听说日军要来，祖父就会带着妻儿，到山里的亲戚朋友处躲上一段时间。

父亲说，这是祖父人生中最艰难的一段日子。

抗日战争胜利后，祖父母带着早舞、碧珍、碧霞三个孩子，再次返回广州。这一次，他别无选择，只能住进西湖路龙藏街76号的那幢"唐楼"。不久，由于国民政府准备发动大规模内战，滥发纸币，致使广州等大城市的恶性通货膨胀加剧，物价飞涨，劳苦大众惨遭其殃。

此时，祖父已近花甲之年，在战乱的反复折腾下，早已泯灭了创业的锐气和激情，开始进入了半退休状态，只是时不时利用"唐楼"这个支点，与前来省城的宗亲兄弟、朋友做点小生意。

几年后，子女渐次长大成人，祖父一家的生活压力得到了很大缓解。姑父刘章屏离开服务的驻扎桂林的美国第十四航空队后，与碧玉姑姑、早英伯父一同返回广州，办起了餐厅和运输行。父亲随舅公何吉泉辗转

20 世纪 80 年代，广州市西湖路龙藏街旧照（来自广州花都纪念馆）

到三水税务局下属的清远办事处当文员，早刚叔叔开始到民船工会工作。
这些收入加上"唐楼"部分楼层的租金，应付家庭日常生活开支和碧珍、
碧霞姑姑的学费，绰绰有余。这种状态一直延续到新中国成立。

无奈中退休

新中国成立以后，祖父开始了他的退休生活。子女供养（碧珍、碧霞姑姑和父亲承担最多）和"唐楼"部分楼层的出租收入，成了他和祖母的主要生活来源。父亲一直跟随祖父母生活，母亲就挑起了照顾老人生活起居的重担，"唐楼"成了我人生记忆的开始，也是印象最深刻的地方。

祖父的一生充满传奇，但我记忆中的他，却很少在孙辈们面前提及过去。这个疑问，多年后才由父亲解开。

原来，新中国成立初期便处于完全退休状态的祖父，一开始并没有得到真正安宁。只因在牙买加谋生时，祖父曾参加过一个名为"致公堂"的帮会组织，招致政府翻来覆去对他这段海外经历进行政治审查。直到调查人员发现"致公堂"不但是中国致公党的前身，而且是以团结组织华侨、维护自身利益及反清救国为己任的爱国组织，祖父才算政审过关。但从那以后，祖父的这段海外经历仍然是子女工作、婚姻必需审查的事项之一。为了子女儿孙的政治前途考虑，祖父极少提及往事。

新中国成立初期划分"家庭成分"，改变了中国许多家庭的命运。1938 年，祖父与献朝伯公析产，他是家中次子，没有分到任何土地（除了一块小菜地），"家庭成分"因此幸运地被划成了贫农。相反罗瑞合村拥有较多田产的其他各房子孙，被戴上了地主的"帽子"，受到巨大的政治冲击，个别人的际遇甚为悲凉。

直到跨过政治审查和划分成分两道关口，祖父的退休生活才真正安

祖父母与子早舞（右
二）、大女儿碧玉（左三）、
二女儿碧珍（左一）、三女
儿碧霞（右一）在一起
（定朝家族供图）

定下来。

随着孩子们陆续成家、离开父母，最后"唐楼"里只剩下了早英伯
父和父亲两家人。客家人的传统注重团结、重视亲情，有祖父母在，"唐
楼"始终是整个罗氏家族维系感情的支柱和轴心。祖父的后辈们有一个
不成文的规矩，就是每年农历正月初二祖母生日那天，各家都要回到"唐
楼"为祖母贺寿，亲人团聚，共度欢乐时光。父辈促膝聊天，闲话家常；
堂表兄弟们一起玩耍、嬉戏，留下了许多美好的记忆和时光。

远渡加勒比

彼岸的祖父

祖父母与孙儿
敏凯（右一）、笑
源（右二）、唯国
（右三）、敏章（左
三）、唯民（左二）、
唯一（左一）合影
（定朝家族供图）

我觉得最过瘾的事是听哥哥敏凯大话西游的说书,最扫兴的也是他,总在孩子们听得津津有味之时,来上一句"且听下回分解"。最难忘的情景是跟着哥哥们大清早起来,到菜市场里排队买凭票配给的豆腐(酿豆腐是祖父的拿手好菜)。最忙碌的人是祖父和母亲,一个负责端锅掌勺,安排菜色;另一个从旁协助,打打下手。祖父母去世后,父亲便当起了家庭联谊活动的组织者和牵头人,使习俗一直延续到今日。

记忆中,祖父是一位和蔼睿智的长者,会用简单的比喻来阐述深刻的道理。有一次,哥哥敏凯与堂哥敏章因小事争执打起架来,我见哥哥被打便上前帮手,三兄弟打成一团。祖父见此情景,把我们三人叫到跟前,训斥之余,语重心长地说:"兄弟之间应该和睦相处,不应轻易动手打架,这样会伤害彼此间的感情。"说完随手拿起桌上的一根筷子,用力掰成两截;然后又抓起一把筷子,使劲用力却始终未能折断。最后告诫我们:"看!这就是团结的力量,对外犹应如此。"浅显易懂的比喻,包含着深刻的哲理,犹如烙印,深深地印在我们的记忆之中。

"唐楼"不仅是定朝家族的轴心和支柱,也是罗瑞合村乡亲族人进城办事的"联络处"和"接待站"。新中国成立初期,百业待兴,急需各方面的建设人才,罗瑞合村的不少乡亲族人来到广州求学就业。他们在省城举目无亲,便想到了祖父母。对找上门来的乡亲,祖父母不论亲疏,一概热情接待、鼎力相助。找不到落脚处的,就安排他们住进"唐楼";已经找到工作的,也隔三岔五来"唐楼",与祖父聊天、"打豆豉",排解异地谋生的寂寞。久而久之,"唐楼"就成了罗瑞合村乡亲族人的"联络处"和"接待站"。堂伯父早超(仕朝叔公的长子)调侃地说,"二伯父为人性情豪爽,时有'门下食客三千'"。

那些得到帮助的族人,都对祖父母感激不尽,终生不忘其恩德。堂哥罗伟源("满房"后裔)回忆:新中国成立初"土改"时,家庭成分被划分为"地主",其父母横竖想不通,先后投河自尽。父母双亡,弱冠之年的他深陷痛苦与挣扎之中。悲伤、彷徨和恐惧迫使他出走龙岗，去投靠远在广州的堂叔公——我的祖父。

民国时期，鹤湖罗氏与周边其他姓氏大户一起兴办的联星运输公司在惠阳、宝安地区颇具影响。祖父回国定居广州后，联星公司乡亲来到省城时，常到广州祖父家中落脚以求照应。抗日战争爆发后，祖父一度携家眷回到罗瑞合村躲避战火。有时需要返回广州办理事务，也多得联星公司乡亲鼎力相助，安排交通，这种"守望相助"的客家传统一直延续至今。伟源哥的父亲罗锡昌是当时联星公司股东、财务主管，他的伯父罗锡桥则是联星公司董事长之一。就血缘关系而言，兄弟二人与祖父已出五服，但他们喜欢祖父待人真诚、豁达的性格。因此，堂叔侄之间交往甚多，连孩提时到过广州的伟源哥依然印象深刻。

1951 年的一个清早，他的外婆请来一辆搭客的自行车，把他从罗瑞合村送到平湖火车站，然后乘坐火车来到广州。一个未满 16 岁的农村孩子，独自颠簸在命运的路途之上，一路彷徨，一路迷茫，一路忐忑不安。凭着朦胧记忆，他来到了祖父家楼下，却没有勇气走进家门。他思忖：自己的不幸，是否会为这位尊敬长者带来影响？痛苦挣扎，不停徘徊，半天过去，还是下不了决心。直至傍晚，碧霞小姑放学回家时在街上发现了他，才被拽回了家。得知伟源哥的身世后，祖父安慰他说："你安心住下来，这里就是你的家！"

伟源哥说："谁知这一住，前前后后竟是几十年。"

自从伟源哥住进"唐楼"，祖母对他倍加关爱，视同己出，除照顾饮食起居，还为正在就读初中的他联系学校继续学业，费用由祖父母承担。这段日子里，祖母经常勉励他："要好好读书，争气做人！" 1953 年 9 月，伟源哥终于如愿以偿考入河北省承德卫生专科学校，在取得"卫士"学衔后，被分配到当地一间医院做医生。为改变自己的政治命运，不久他又积极响应国家号召，去到江西省一个贫瘠山区的县城医院工作。

远渡加勒比
彼岸的祖父

1961年,祖父母与子女孙儿全家福照(前排左一为作者小时候)

远渡加勒比

彼岸的祖父

自离开罗瑞合村之后，他再也没有回过改变自己一生命运的伤心故地；但每年探亲休假，他都要回到广州探望祖父母，并在"唐楼"住上一段日子。20世纪70年代初，祖母得知他仍未成亲，便委托母亲物色合适人选，促成了他的婚事。他经常对人说："叔公叔婆对我恩重如山，犹如再生父母。" 现在祖父母墓碑上那两张精致的瓷相，就是50多年前伟源哥托人在江西景德镇精心烧制而成。

20世纪60年代初，祖父年过古稀。人说，老小老小。面对自己最亲近的孙子女们，年迈的祖父喜怒哀乐溢于言表，跟孩子似的充满童趣。有时，他会用自己带有浓厚客家口音的英语，教我们朗读一些日常使用的英语单词，如clock、chicken、duck、dog等等。现在想来，这几个简单的单词里，寄托了他对牙买加那个地方的无尽怀念。他想那里的人，想那里的事，想过去的故事……

60年代中，祖父开始体弱多病。1967年5月13日，他在"唐楼"与世长辞，走完了命运多舛、跌宕起伏的一生，享年78岁。

And so in this memoir, I've chronicled my search for my Chinese family. Like thousands of Chinese laborers from China's Guangdong Province beginning in the 1850s, my Chinese grandfather boarded a ship from Hong Kong to Jamaica. In 1905, he "cut cane" on a sugar cane plantation — an occupation indentured Chinese adopted after the British abolished slavery in the 1830s, freeing the Africans to languish in a foreign land. Many of these Chinese laborers left wives and children behind in China. Immigration laws separated many families — some of which never reunited. These laborers many times had new families with Jamaican women. Eventually many became shopkeepers, taxpayers and fathers of mixed race children. Even today, many of these children and their children are lost to their ancestral homeland, China. Many don't know how to find their clan members and ancestral villages in China. I do. I did.

相关文献

移民高峰时期进入深圳的"龙岗罗"

新安县的移民潮大约起于康熙七八年间，真正开始则应在康熙二三十年后。移民活动延续到清末，直到光绪年间还有客民移入，但其高峰期集中在乾隆，嘉庆年间。

清迁海复界图（深圳市龙岗客家民俗博物馆供图）

"龙岗罗"的开基功业

"龙岗罗"的族源简况

据《中华罗氏总谱》载，罗氏郡望主要分为"长沙"与"豫章"，豫章罗是由长沙罗分出的，所以长沙为罗氏旧望。罗氏另外还有"襄阳""齐郡""河东""蜀郡"等郡望。

罗氏的堂号有"豫章堂""敦睦堂""柏林堂""明德堂""报本堂""嘉德堂""崇文堂"等等，其中"豫章堂"最为有名，粤东北的罗氏大多属"豫章堂"。

罗氏得姓于周朝古罗国（湖北襄阳一带）。至汉初，罗珠由湖南长沙浏阳县纯江迁居江西豫章（今南昌）西山，为治粟内史，官拜相国大司农。后奉命镇守九江郡，在郡里筑起城堡，并在城沟种植豫章树，便把家眷迁居此地，罗珠遂成为罗氏豫章郡望的先祖。

唐乾符五年（878），珠系三十二世罗仪真为避黄巢乱，携子由南昌西山迁虔州虔化县（今赣州宁县），历数十年，又迁福建汀州宁化石壁村落居。

珠系四十六世罗洪德，于南宁宋景定三年（1262）为壬戌年科进士，擢抚州太守，生18子，孙支繁衍散居各省市，兴宁罗氏的开基祖小九公是洪德公的第18子。

1926年编修的《兴宁东门罗氏族谱》（下文简称《兴宁谱》）卷四"家传谱"中载有"始祖小九公"条：

小九公，始迁祖也。原籍福建宁化县石壁村，派分江西宁都鸦鹊林。父兄并以文学致显仕。公学有渊源，早登仕版。宋末，由贡任广东循州（旧时循州辖境相当于现在广东省新丰、连平、和平、龙川、河源、兴宁、五华、陆丰、海丰、惠阳、惠东、博罗、紫金等地及揭西县西部，治所在今五华县华城镇——笔者注）学正，作育人士，一循正轨，神移气化，不急虚声。任满回家，道出兴宁，见其土广人稀，沃野平衍，低回留不能去，乃筑室于东郊而居焉。性能容物，望足服人，故虽孑然远徙而居之则安，创业垂统，子孙咸食其报，其丰功厚泽，有足多者。公三子，长振翰，由贡授教谕，余自有传。

自小九公落籍兴宁后，罗氏在当地逐渐发展成人人皆知的豪门望族，世称"兴宁罗"。因罗氏在兴宁的增殖，其开枝地也被人们冠名，如称"东门罗""西门罗""墩上罗"等等，著名历史学家、客家学的开山鼻祖罗香林先生即出自"东门罗"。

而"龙岗罗"的一世祖罗瑞凤则来自"墩上罗"，但其谱系仍被归入《兴宁东门罗氏族谱》，说明"墩上罗"是自"东门罗"派分出去的。该族谱卷四"家族谱"中为罗天瑞凤立有小传。

罗氏在龙岗的开基创业

罗东生先生说："以前每逢春节，鹤湖新居祠堂两边都要贴上一副用红纸写的对联。"对联上联："瑞徵罗国，派衍豫章，湘水展模猷，历代英雄昭史册。"下联："凤止龙岗，谋成东莞，鹤湖兴厦宇，千秋勋业冠人寰。"

这是一对藏头联，两联第一字合起来就是"瑞凤"。

上联简述罗氏的族源与派衍，下联则概述瑞凤父子的创业功绩。

"凤止龙岗"，是说罗瑞凤从兴宁徙居龙岗。

现在，这副长联被刻成木制联，垂挂于下堂廊檐西旁的楹柱上。

东升围位于广东省兴宁市东风村，始建于宋代，距今730多年，是兴宁境内最古老的俗称"九厅十八井"围龙屋。该建筑占地12,000平方米，宋代围龙屋中能够完整保存至今实属少见。（深圳市龙岗客家民俗博物馆供图）

● "凤止龙岗"的瑞凤公父子

《兴宁谱》卷四"家传谱"，在"十六世瑞凤公"条下有如下记载：

瑞凤公，十五世子拔公次子也，世居邑之墩上村，于乾隆二十三年徙居惠阳县属之龙岗墟。初为小贩，善观时变，能与僮仆同其甘苦。居久之，致赀百万，购田万顷，置商肆一百余间。于龙岗筑鹤湖楼，回廊复道，气象壮阔，谈者比之一郡城。子三人：长国文公，字廷龙；次图章公，字廷贵。兄弟佐父创业，具著劳绩而性皆慈惠。遇圮桥莆，必集赀修治，习以为常，不矜其德。道光间值岁大荒，饥民载道，公兄弟殚力赈济，全活甚众，乡里啧啧称道，以为聚而能散，有古风云。

远渡加勒比
彼岸的祖父

瑞凤公从兴宁迁徙龙岗后，最初定居在
龙岗墟上（深圳市龙岗客家民俗博物馆供图）

这条记录给出的信息如下：

一是罗瑞凤从兴宁迁进龙岗的时间为"乾隆二十三年"（1758）；

二是罗瑞凤初期创业之艰难；

三是罗瑞凤修筑了"气象壮阔""比之郡城"的鹤湖新居；

四是廷龙、廷贵兄弟"佐父创业"，并因善行获乡里称道。

● "谋成东莞"的瑞凤公父子

鹤湖罗氏后人都说罗瑞凤初期创业的地点并不在龙岗，而是去到现在东莞市凤岗镇的塘沥墟，因此后代才有"谋成东莞"一说。

鹤湖新居是深港地区城堡式围楼的典型代表。它集闽、赣、粤客家围屋的精华，综合了粤东北地区堂横屋、围龙屋和四角楼的要素，并杂糅许多广府建筑元素，体现了客家文化和广府文化的交融，是深港地区客家人智慧的结晶。其建筑形制详见后图（深圳市龙岗客家民俗博物馆供图）

　　塘沥于明末清初立村，后为塘沥墟，有清一朝塘沥为广州府东莞县凤岗乡所管辖。而凤岗位于东莞的东南部，其东、南、西三面与深圳的龙岗、宝安接壤，所以瑞凤公去塘沥的路途并不遥远。

　　瑞凤公为什么要去塘沥谋发展呢？笔者分析是因为那里不是"迁界区"，当地的社会生活没有受到"迁界"的破坏，经济情况要比当时的龙岗强；而且那里有"同声同气"的宗人，可以成为初期创业时的支撑，选择塘沥作为自己的启动点，就是瑞凤公"谋成东莞"的"第一谋"。

　　我们现在没有什么资料可以证明瑞凤公创业初时是否得到塘沥罗氏的帮助，但按中国传统社会乡人间的关系逻辑推理，塘沥的"兴宁罗"

远渡加勒比 彼岸的祖父

鹤湖新居建筑形制一（深圳市龙岗客家民俗博物馆供图）

　　依照"守望相助"的传统，是会给新来的宗人提供一些起码的帮助的。
譬如刚"下南洋"时的"唐山人"，在到达异国他乡时，都能得到先期"过
番"乡人的接待。

　　2003年，笔者访问越南西贡（今胡志明市）堤岸区的五大帮（广府、
客家、潮汕、海南、福建）华人会馆时，老华人告诉我们，过去当有"唐
山"来的海轮到岸，五大帮会馆在岸边就摆上五张长桌，新来的"唐山客"
一上岸就去寻找与自己地缘、语缘相对应的桌子报到，各会馆就会为他

鹤湖新居建筑形制__（深圳市龙岗客家民俗博物馆供图）

们提供基本的帮助。如，解决最初的吃住问题等，这种来自同一地缘、语缘的关爱传统保持至今。

　　粤东北的兴（宁）梅（州）地区，素有"无兴（宁）不成市，无梅（州）不成衙"的民谚流传。意思是说兴宁人较有商业头脑，会经商；梅州人也读书，愿做官。而《兴宁谱》载瑞凤公起步是"初为小贩"，鹤湖后人如是说，这真应了民谚对兴梅地区文化特色的总结。

　　罗培善先生说："听上辈人说，瑞凤公当初一个人挑着箩担，穿着草鞋，烂衣服收破烂。他很勤俭，节衣缩食，捡来河边的马卵石醃起来放在箩筐里。吃饭时拿出来舔一舔，当下饭菜。他节省到连自己的尿水都不浪费，把尿尿到土块上再打碎了放到田里去。"凭着他的吃苦耐劳，又能"善观时变"，逐渐白手起家。

时间在艰苦创业中慢慢过去，一二十年后，弱冠之子渐次长大，廷龙、廷贵成了父亲的左膀右臂。特别是廷贵（亦称"五桂"），为人精明，继承了父亲能吃苦的品质，寒天还穿着单衣、布鞋，因此别人讥讽他是"守财奴"，因身材瘦小，得绰号"猴五桂"。瑞凤父子以"瑞合"为商号在塘沥做实业：开酿酒作坊、养猪（用酒坊的酒糟做饲料）、开糖寮、开榨油房等。做生意，经过一番拼搏，事业发展起来，终于"谋成东莞"了。

应该说"谋成东莞"是"谋"在瑞凤，"成"在龙、贵。

"谋成"后的鹤湖罗氏并没有摆脱农村地主的集财方式，即购买田地。经过鹤湖罗氏两三代人的积累，他们拥有的土地遍及惠（州）、东（莞）、宝（安）。如，惠州的惠阳；东莞的塘厦、清溪、塘沥；宝安的南联等地。每年夏、秋两个收获季节，三房人各有任务，男丁都要出去收租。鹤湖罗氏后人就是靠吃租过活，这个"啃老"的历史是相当长久的。

"谋成东莞"后的罗氏，很有投资理念，他们没有将鸡蛋放在"一个篮子里"，而是多方投资。除了将部分资金用于土地的购买外，还兼经商，他们的生意除了在东莞，沿东江流域都有，最远还做到广州等地；另外，又将部分资金投向了龙岗墟，在老街开设了不少店铺，如山货店、土杂店、缸瓦铺、粮油店、打金铺、铁铺等，并还开有当铺。开当铺不是什么人都做得了的生意，关于开当铺的条件，《深圳客家研究》第七章第三节"3.3.4 高利贷谋利"里有较详细的讲述，这里就省略不论。总之，这时的鹤湖罗氏在获得钱财的同时，也拥有了不少的地方人脉。

鹤湖罗氏采取了"农商结合"的发家模式，使得他们的财富滚雪球似的得以增殖，他们的村名也以商号"罗瑞合"相称。钱财多了，中国

鹤湖新居建筑形制三（深圳市龙岗客家
民俗博物馆供图）

人自然而然地会想到要给自己和子孙们起大屋了。

"气象壮阔"的围堡鹤湖新居

● 鹤湖罗氏的旧址与新居

瑞凤公初到龙岗是先在老街塘唇巷的马福头落脚，租房住下。有钱后就在上墟石桥头处盖了内有十余间住房，外用围墙围起，罗氏族人称作上墟围。嘉庆年间，罗家的年轻人与来偷龙眼的曾姓人起了冲突，把人打死。鹤湖罗氏稍有钱财之后，即已初显霸气。

为了平息矛盾，罗家只好将上墟围这一处房产赔给了曾家，搬进尚未完工的新居——鹤湖新居。

罗氏几位后人都谈到买地的传说：鹤湖新居原址为南约黄氏的一片空地，瑞凤公听说黄氏要卖这块地，且已有人出价。瑞凤婆一天将中介人拦下，好酒好饭招待，并说出双倍价钱买地，然后成交。但因当时有的地没有卖，鹤湖新居的外围平面才成了前宽后窄的梯形模样。

远渡加勒比
彼岸的祖父

● 鹤湖新居的营建

鹤湖新居坐西南向东北，高耸的围墙使用了传统的版筑建造方式，并经鹤湖罗氏瑞、廷、兆三代人完成：乾隆末年开建，至嘉庆二十二年（1817）完成内围，这时瑞凤公早在 21 年前仙逝，而廷龙、廷贵兄弟已是 60 多岁的老者。

以后，第三代人在道光年间完成了外围的建筑，整座围堡前后大约修

鹤湖新居建筑形制四（深圳市龙岗客家民俗博物馆供图）

造了四十几年，所以罗东生先生说："建房时小孩还没有出生，到盖好后小孩已会打算盘了。"

围堡的整体建构似由两个回字组成，对建房贡献最大的是第二代廷龙、廷贵兄弟。其中，尤以廷贵为最，他是围堡的主持者与监工者。他们完成了内"回"的营造：四进，含大门、天井及牌楼和下、中、上三堂的围堡中轴线（中心部分为府第式四进三堂二横的形制），上堂"诒燕堂"即是祠堂；上、下天街；上天街后围中部挺立而出的望楼与四角碉楼，一座围堡已初具规模。鹤湖"兆"字辈的第三代在此基础上向外扩展：加建其外围、外围上的四

远渡加勒比
彼岸的

鹤湖新居建筑形制五（深圳市龙
岗客家民俗博物馆供图）

罗氏宗祠正门后牌坊(深圳市龙岗客家民俗博物馆供图)

角碉楼及位于后围化胎(鹤湖罗氏称作"龙天顶")正中的望楼。内、外两围墙上均有"走马廊"将望楼与四角碉楼相连通。修建鹤湖时,在内围外,面对中轴的左侧开挖了一口水井,井水充沛、清澈,可供上百人使用。这口古井现今虽然停用,但仍有一条金鱼在水中游弋。

鹤湖新居的占地面积约为25000平方米,建筑面积21000多平方米。整座围堡面宽166米,后宽116米,进深104米,共有300多间房。围堡的精神中心在祠堂,上中下三堂、上下天街、龙天顶是族人的公共活动空间，龙天顶处修成了花园，成为族人休憩的好去处。它的"阁、楼、厅、堂、房、井、廊、院、天井、过道等建筑互相关联，隔而不断，守望相应，有'九天十八井，十阁走马廊'之称。它继承了中原府第式建筑、赣南客家四角楼和粤东北兴梅客家围龙屋的传统，同时融汇了当地广府民系'斗廊式'（一天井、两廊一厅、两房）住房的优点"。

据罗培善先生说，鹤湖新居原址是一小山坡，下有一小湖，常有白鹤在此觅食。围堡依山势而筑，前低后高，小湖做成了月。新居就以鹤湖命名，既写实又充满诗意。

买地时山坡上葬有一人，罗氏把他迁葬南约，并尊为"福德公"，每年皆去祭拜，直至"改革开放"。这是罗氏为求家族的平安、发达，从心理上尽力将所谓"不利"因素化为有利因素。

营建好鹤湖新居，罗氏在龙岗的显赫地位得以突现，渐渐地对附近异姓形成了压迫：曾卖地的黄氏当时还有一些小块土地没有卖，他们修起一道墙与罗家隔开。罗氏认为妨碍了自己的风水，很快就把墙拆平，黄氏受到排挤，不得已卖地后迁往六约；现平岗中学附近原有几家巫姓，"因破了风水，没有了后代"；鹤湖前面，商号为"曾广兴"的曾氏"住不下去了，把地卖给罗氏搬走了"；原在鹤湖后面的杜、朱等小姓也消失了。据乡人说，罗氏甚至搬出土炮向异姓开火——鹤湖罗氏在龙岗悄然威风起来。

鹤湖罗氏直至清末都"聚族于斯"，最多时有上千人在这里生活。鹤湖新居以其"气象壮阔"，"比之郡城"成为深圳客家围堡中的地标之一，也成为深圳地区原住民传统民居中的翘楚。

1996年，鹤湖新居开辟成了"深圳龙岗客家民俗博物馆"；2002年评为了省级文物保护单位。

下面提及一段与鹤湖新居相关的痛苦往事：

1937年，卢沟桥事变，一部分日本兵在惠州盐灶背登陆，对周围村

"武魁"牌匾是鹤湖罗氏第三代罗兆魁（罗廷贵之子）参加武乡试获得，族人将其悬挂门厅之上，以示光宗耀祖（深圳市龙岗客家民俗博物馆供图）

远渡加勒比
彼岸的祖父

罗氏族人清代品封为官一览

大房

兆方，瑞合罗氏第三世，廷龙子，品封国学生，例赠云骑尉

兆宗，瑞合罗氏第三世，廷龙子，品封贡生，儒林郎

鸿元，瑞合罗氏第四世，兆魁子，品封国学生

鸿忠，瑞合罗氏第四世，兆魁子，字晋亨，品封云骑尉，千总

晋忠，瑞合罗氏第四世，兆魁子，品封例贡生

二房

兆辉，瑞合罗氏第三世，廷贵子，品封贡生

兆熙，瑞合罗氏第三世，廷贵子，诰授奉直大夫

兆璜，瑞合罗氏第三世，廷贵子，品封国学生

兆槐，瑞合罗氏第三世，廷贵子，品封贡生

兆平，瑞合罗氏第三世，廷贵子，品封布政司理问

兆升，瑞合罗氏第三世，廷贵子，品封云骑尉

裕杰，瑞合罗氏第五世，晋信子，清末秀才，中堂对联作者

颖基，瑞合罗氏第六世，裕锦子，名流清，清末贡生

满房

兆璜，瑞合罗氏第三世，廷祥嗣子，品封：奉政大夫、布政司
　　问、仅先守府、国学生、例贡生、痒生

慕偿，瑞合罗氏第四世，兆璜长子，品封：国学生、痒生

慕仪，瑞合罗氏第四世，兆璜次子，品封：章直大夫、布政司

慕麟，瑞合罗氏第四世，兆璜三子，品封：国学生、武生

慕伊，瑞合罗氏第四世，兆璜四子，品封：邑痒生

慕伦，瑞合罗氏第四世，兆璜五子，品封：国学生、监生

慕仁，瑞合罗氏第四世，兆璜六子，品封：国学生、监生

以上内容敬请指正

鹤湖罗氏族人获品封为官者中，仅罗端基留下这张照片（深圳市龙岗客家民俗博物馆供图）

鹤湖罗氏族人清代品封为官一览表（深圳市龙岗客家民俗博物馆供图）

落推行烧、杀、抢的"三光政策"，百姓们吓得四处逃跑，有些逃到了香港。1940年，香港沦陷，逃到香港的族人又跑回来。1943年，鹤湖新居的龙天顶遭日本兵烧毁。到现在，罗氏后人都还清楚记得那一天：一伙日本兵冲进鹤湖新居抢掠，一些族人都往龙天顶的望楼里躲藏，二房"德"字辈第七代的罗锡楼跑得慢了点儿，被日本兵发现，一路追到了龙天顶。日本人知道了村民的藏处，正好那里放有很多稻草，于是就放火烧楼。楼里藏的大都是青年人，他们见日本兵来到，就都悄悄沿着望楼上两边的走马廊逃掉了。大火熊熊燃烧，烧毁了围堡中最高大的望楼，留下一片残迹，此后族人再无力将它恢复。

……

"龙岗罗"社会身份的嬗变

罗氏三大房人，从瑞凤公在龙岗开基发展到现在，已有十一二代，其字辈有瑞、廷、兆、晋、裕、济、德、传、嘉、庆，十代以后就没有了字辈。

瑞凤公父子两代人，从肩挑小贩到地主商人，其间的艰辛可想而知。但在封建的中国社会，"士、农、工、商"是清晰而严格的社会阶层划分，"农""商"皆在"士"之下。位居社会上层的是"士"，"学而优则仕"成为稳定的制度流动渠道，以此迈入上流社会。因此，家族中必须要有子弟通过科举而"读书做官"，从而改变身份、地位，赢得乡里的尊重与承认。特别是客家人，对此格外上心。所以，一般大家族族谱里，都会记录公尝田为支持族人考取功名等而制定的详细规章与奖励制度，并会对族中获取功名的杰出人物一一立传。但罗氏族谱已毁，这些情况已不得见，我们只能从罗氏后人不甚详尽的述说、侥幸留存下来的几块功名匾，及博物馆整理出的《鹤湖罗氏族谱》力图描述出罗氏如何经由家族的文化建设，实现家族社会身份的嬗变。

私塾——"诒燕学校"

在多年的深圳客家地区田野调查中，我们发现：凡有围堡的村落，必定就有一间私塾，而私塾就设在围堡后方的望楼里，私塾的费用则由宗族公尝田支付。

关于罗氏的私塾教育，今天的罗氏后人已不甚了了，只能做合理推测：

瑞凤公父子都没有功名，进入龙岗后从"负担小贩"起家，当含辛茹苦地积累起家业、筹划修造鹤湖新居时，就已决定在望楼开设族人子弟读书的私塾，这一点从后来的"诒燕学校"就设在内围望楼可看出。嘉庆年间鹤湖新居内围落成后，围堡里就会不时传出朗朗的读书声。当然，鹤湖罗氏开办私塾的历史在建好上墟围时就应该开始了，因为那时已有了办私塾的财力与空间，而且罗氏也有了正需要读书的第三代。到鹤湖新居建成，第四代人也到了上学的年龄。

私塾教育是科举制度的基础。有了这个基础，罗氏就有了上升的初级阶梯，它对鹤湖罗氏子弟求取功名是至关重要的。

瑞凤公曾为鹤湖新居内的祖堂取名"诒燕堂"。

"诒燕"出自《诗经·大雅·文王有声》："诒厥孙谋，以燕翼子"，意为长辈要替子孙做出好的谋划，就像老燕用双翼庇护幼子一样。也就是说，真为子孙前途打算的话，就要给他们做出长远谋划。办教育，也是替子孙"谋"的一部分，因此"诒燕"也成了学校的名字。

20 世纪初，中国社会废除了科举，新学出现。20 年代前后，诒燕学校就开设在鹤湖新居内围的望楼上，90 岁的罗东生先生曾在 1948 年、1949 年任诒燕学校校长。

据他介绍，诒燕学校是初级小学，班级只有一到四年级。1931 年他 8 岁读诒燕学校时，学校的学生很少，只有十几个人，请了一个老师是淡水叶姓人，负责教各门功课，后来还有一个李老师。罗先生至今还记得 30 年代老师教他们唱："打倒列强！打倒列强！除军阀！除军阀！革命一定成功！革命一定成功！齐奋斗！齐奋斗！"和"工农兵联合起来，向前进……"等歌曲，这些都是 20 世纪 20 年代大革命时期唱得最响亮最流行的歌曲。

到他当校长时学生人数最多，有七八十个学生（男女学生都有），分在两个教室上课：一楼面对天井的大屋是一年级和四年级的教室，右边是厨房，左边放有乒乓球台，阁楼是外聘老师的宿舍；三楼红砖铺地，又大又漂亮，是二年级和三年级的教室。学生除罗氏和罗氏亲戚的子弟外，周围邻村与全南联七八个自然村的孩子都到这里读书。罗氏子弟与其他孩子每学期都需要交三四十斤谷子作学费，不够的部分由诒燕堂补足。

远渡加勒比 彼岸的祖父

经东生校长之手，聘请了3位老师：两位本族人——罗鹏寿、罗惠雯，他们除教低年级的语文、算术外，罗鹏寿还教体育，罗惠雯要教音乐。还请了东莞清溪的李老师，与东生先生一起教高年级的课程。东生先生说他教语文、历史，也曾教过音乐。

为给学生创造好的锻炼环境，东生先生把禾坪左前方的一块地开辟成了篮球场。鹤湖新居外围墙后面，原来是长满荒草的一大片空地，约有三四亩大小（属罗氏），罗氏将其平整成了大足球场。足球场修于何时，东生先生已说不清，只知道"好早就有了"，而且龙岗凡有重大球赛，都会在这里举行。

诒燕学校这样的形制，在乡镇各私立学校中已算有规模。

76岁的罗文范先生说他有4兄妹，全出生在印尼。当他12岁时（1949）父亲过世，母亲认为哥哥文汉整天带着他们几个小的到处玩耍，不好好读书，她一人很难照管，就把他们全带回了鹤湖。回来时弟妹还小，他和文汉就在诒燕学校上学。这可看出诒燕学校在那时的龙岗享有一定声望，文范先生的母亲才能对家乡学校产生信任感，以至不远万里把孩子带回国来读书。东生先生还记得文范兄弟读书时，十四五岁的文汉还负责为外聘老师做饭，以免缴学费了。

1950年后，政府统一管理学校，诒燕学校并入在南联刚成立的南联小学，诒燕学校就此停办，东生先生则调到龙西小学去做校长。

罗氏后裔获取的功名

罗氏后人在功名上"显山露水"，始于瑞凤下第三代。据"鹤湖谱"载，三大房的第三、四代皆有品封为官者；第五、六代就是清末的秀才或贡生。下文仅依照"鹤湖谱"提供的"罗氏族人清代品封为官一览"进行讨论。

罗氏后裔所得功名，多被冠以"品封"二字，还有一例"例赠"，一例"诰授"。"诰授",是"清朝五品以上的受封者,本身之封称诰授"。"品封"与"例赠",不似"诰授"是专用名词,只能依词的结构推论词义:"品"与"例"在词的结构中为状语,是"按品级"和"依照惯例"之意,"品封"即是"按品级封";"例赠"即是"信惯例赠",而"赠"是"追赠"。"例赠"的全意则是"依惯例追赠"。"品封"的功名或官位应是未经科考而得,因为清政府为广开财路,允许民间用钱"捐纳"功名、官位。而瑞凤下第三代罗兆槐所得"武魁"功名匾,上面直书"某年某科广东乡试第149名",这才是真正经科考得到的,是武举人。但无论考试与否,"品封"的内容都是经正规途径取得,并得到政府的认可。

现在,鹤湖新居禾坪面对大门的右边,还留有两对麻石打造的旗杆石(又称旗杆夹。其中一对,后人建房给人用来拉铁时弄坏了)。明清一代,凡家人或族人考中了举人、进士,为了光宗耀祖,流芳百世,必在屋前或祠堂前树立旗杆石,拉起大旗。旗杆石成了举人、进士的荣誉证书。一般来说,旗杆石上会刻有立石者的姓名、年代、功名等具体情况,但鹤湖的旗杆石上没有留字,就给后人辨识带来了困难。

东生先生说,一对旗杆石是罗兆槐立的,另一对也许是为罗兆熊立的,因为他曾"诰授奉直大夫"做过"广州府儒学政堂",官职直当于现在的省教育厅厅长,"也许他也中过举"。这一对旗杆石的归属只能暂先存疑。

从"鹤湖谱"看,三大房瑞凤下第三世共有9人获"品封":长房2人,二房6人,满房1人。因篇幅所限,仅以3人为例:

长房的兆方,所获得的学历为"品封国学生": 国学生即京师国子监学生,国子监是全国唯一的官学,在明清一代为最高学历;官位为"例赠云骑尉",云骑尉在清代为内正五品,用来封功臣及外戚的。例赠,是指罗兆方死后被追封了云骑尉。

二房的兆熊,官位为"诰授奉直大夫"。诰授,是指清代五品以上的受封者，本身之封为诰授；而奉直大夫在明清都为从五品。

满房的兆璜，品封的功名由大至小有"国学生、例贡生、庠生"。庠生，即府、州、县学的生员，也就是通常所说的"秀才"；贡生，是从庠生中选取优异者入读国子监。"例贡生"则是因捐献财物取得的入读资格；国学生，上文已谈及。兆璜的"学历"最完整，但都来自捐纳。他所得的官位"品封奉政大夫、布政司理问"中，奉政大夫是正五品。布政司理问是在布政司官署中，掌管勘核刑名，从六品。

"鹤湖谱"载：三大房瑞凤下第四世也有9人获"品封"：长房3人；满房6人；二房阙如。这些品封的功名，官位与第三世基本相同，只是长房的鸿光（兆魁子）品封了云骑尉和千总。云骑尉，已谈过；千总，则是清代绿营编制，营以下设千总，为正六品。

长房获品封的3人，皆为兆魁之子（兆魁共有子9人）。满房获品封的6人皆为兆璜之子，兆璜共有6子，全获品封。

瑞凤下第五世、第六世，此时已是清末，只有二房第五世一人是秀才（撰写长联者），第六世一人是贡生。

将"鹤湖谱"的"罗氏族人清代品封为官一览"。归纳起来，鹤湖罗氏从瑞凤下第三世至第六世，四代人共有20人享有科举功名与官位，其中两位是真正通过科举获得晋升（有旗杆石为证），其余18人皆为捐纳所得。

因为中国的士绅阶层在社会上享有公认的政治、经济等特权，世人"读书做官"的终极目的就在于力争踏入这个阶层。中国近代社会中，无论是举贡生员，还是乡居缙绅（职官），凡获得社会法律认可的身份、功名、顶戴，无论"出仕未仕"，一概属于士绅阶层。

鹤湖罗氏瑞凤第一、二代发家后成为地主商人；第三、四世，经捐纳途径获取到功名与官职，由"富而贵"（即因财富而获取社会权利），使家族迈进了"缙绅阶层"的门槛，从而完成了社会身份的嬗变；四代后，

远涉加勒比
彼岸的祖父

已是"商绅合流"。同时期，社会上也出现了由绅而商的潮流，不少进士、举人"弃士经商"。其中，最有名的就是1895年，南通新科状元张謇奉命兴办大生纱厂，成为"通官商之邮"的大绅商；1896年苏州同治年间状元陆润庠创办苏纶纱厂。这种由绅而商或如罗氏式的由商而绅的"商绅合流"现象，在当时的中国具有鲜明的时代特征。

……

鹤湖罗氏的婚嫁圈

鹤湖罗氏因其身份的转换成功而成为龙岗地区颇具政经实力的豪门巨族，使得他们在龙岗，乃至惠东一带的影响力大增。这一点，可从他们能与龙岗和惠东地区的富胄大姓成为累世对亲得到印证。

需要说明的是，"鹤湖谱"谱系中，某公生几子（女儿不在谱），叫什么名字，记录得较清楚。但某公的婚配对象，有些就未记录在册，这种情况各代都有，主要原因是原本《鹤湖罗氏族谱》被毁，家族的许多信息丢失，下面的记录也是如此。

"晋"字辈

长房有婚配记录者如下：晋康，配黄氏；晋英，配刘氏；晋厚，配叶氏、李氏；晋惠，配萧氏、付氏；晋衡，配张氏；晋慈，配朱氏。其中，12人未见得子与婚配记录。

二房有婚配记录者如下：晋钧，配李氏；晋彤，配黄氏；晋浩，配曾氏；晋瑜，配陈氏；翰珠，配黄氏；翰发，配廖氏；翰香，配任氏。其中，15人未见得子与婚配记录，因为有的人在广西，资料不详；有的连名字都未记录完整。

三房有婚配记录者如下：慕僖，配李氏；慕仁，配叶氏。其中，4人只有得子记录而未记婚配。

从上述所记三大房第四世17例婚配姓氏，可统计出黄氏3例、李氏3例、叶氏2例、曾氏1例、萧氏1例、刘氏1例、陈氏1例、张氏1例、朱氏1例、廖氏1例、付氏1例、任氏1例。

顺带讲讲在龙岗和惠州东部民间流传至今的"姓氏歌谣"，如："龙岗锣（罗），淡水鼓（古），不受葵涌一下拍（潘）"；"坪地一管萧（萧），龙岗一蔸鸟（刁）"等；在淡水则有"淡水一片叶（叶）"的说法。这些歌谣是将几个能与事物、动作谐音的姓氏组织起来，用客家话诵出，就极诙谐有趣。据说葵涌潘氏武功了得，所以"锣（罗）"也好，"鼓（古）"也好，都经不起"拍（潘）"一下。而"一蔸鸟"，是"一个鸟窝"的意思，"鸟"与"刁"在客家话里谐音。

"鹤湖谱"中凡涉及的婚配姓氏，可以说大部分都是在龙岗或惠州东部客家地区很有"讲究"的大家大户。如黄氏、曾氏，就是豪族"坑梓黄"和"坪山曾"；廖氏娶自坪山碧岭，大姓；萧氏，则是"坪地一管萧（萧）"的望族；李氏娶自爱联，陈氏、刘氏娶自龙东；张氏娶自五联；朱氏娶自南联；叶氏，娶自"淡水一片叶"，"叶"在粤东南是颇负盛名的巨族，它不仅与"龙岗罗"对亲，也与"坑梓黄"、"坪山曾"皆成姻亲。付氏与任氏在"鹤湖谱"里仅见此2例，东生先生说"付氏可能来自广州"，因为付姓在龙岗、惠州一带很少，而罗兆魁在广州任"广州府儒学正堂"，又家居广州，他为其子晋惠从广州娶亲也有可能。任氏，娶自何处，无考。

经对"鹤湖谱"三大房十代人的婚配姓氏统计，大致整理出罗氏的姻亲圈——近到鹤湖间围村落，如：龙岗梁氏、钟氏、严氏、巫氏、徐氏、罗氏（本村），龙东陈氏、刘氏、邱氏、孙氏、林氏，杨梅岗赖氏、王氏、骆氏，南联周氏、朱氏，龙西张氏、巫氏，爱联何氏、李氏；稍远的坪山曾氏、廖氏、郑氏、邹氏、吴氏、罗氏，坪地萧氏、林氏、廖氏、余氏、香氏、汤氏、黄氏，坑梓黄氏，葵涌潘氏；再远及惠阳淡水一带的邓氏、叶氏、严氏、古氏、韩氏、江氏，广州的付氏、简氏等。出现在"鹤湖谱"

中的还有马、谢、胡、许、聂、谭、洪、袁、文、伍、邝、凌、苏、薛、汪、黎、冯、单、截等，她们的出现频率极低，大多只有一人，现查不到出处。

上述整理出的婚配姓氏，在族谱中各代出现频率最高的是叶、曾、黄、萧、陈、张等豪门，其次是廖、钟、何、刘、邱、钟、唐、李、廖、林、赖、严等大族，而且形成了长期固定的对亲关系。这种对亲格局在第三、第四世已基本形成。

传统社会的婚姻圈，说到底就是一张关系网、人脉网。罗氏在"广泛撒网"的基础上，实行重点联络，让这项"社会资源"无形中成为保护姻亲双方权利、经济利益的有力屏障。罗氏凭借"官商绅"三位一体的身份，加之得力的联姻网络，在清中后期的地方乡民自治中，在龙岗一带就掌控了地方话专权。这方面，在"济"字辈瑞凤下第六代的罗秋航身上表现得尤为突出。

罗秋航1943年去世，在他逝去66年的今天，笔者在龙岗"田野作业"时问及他，当地人还会不由自主地脱口而出：秋官（罗秋航的别称）的官很大，是老大。整个龙岗地区他说了算！

"龙岗罗"：在龙岗地区的影响

"龙岗罗"与联星公司的修路

1921 年 7 月，"广东省政府允许民办公路"后，在此政策激励下，罗秋航非常敏锐地抓住时机，大约在 1923 年前后，开始修路。据罗培善讲"听祖母说，他们当时卖田卖地，倾尽所有去修路"，这条路就是众人所说的"龙横路"，是指由龙岗向西南方往横岗的公路，这条公路可通向深圳，里程约 14 公里。这一段原来有条较窄的土路，一下雨就成了泥浆路。修筑后的路面平整，宽能容两车通过，公路两旁挖有排水沟。

在罗秋航独自出资修"龙横路"时，罗秋航与长房的罗济能一起开创了联星公司，龙岗及附近的一些村落也加入到联星公司里。这是个股份公司，既可以用钱，也可以用地（道路要通过的土地）参股。龙岗不少姓都入了股，如龙东赤石岗的孙氏，龙西的巫氏，葵涌的潘氏、彭氏和许氏等。其中最大股份除罗氏外，就是孙肃铭、彭海东、许让成（葵涌人，是当时香港旺角有名星星酒店的老板）等人。联星公司内分有运输公司和道路公司，罗氏主要掌控道路公司，淡水至平湖段由罗济能（即沛芳）做董事长，龙岗至横岗由罗锡桥做董事长；运输公司则由孙肃铭、许让成做董事长。

联星公司就设在今龙岗丽晶酒楼门口对面的空地上，这里正好处于往淡水、深圳、惠州的三岔路口处。联星公司对面，即今丽晶酒楼后，则是南约的黄、张二氏组建的联通公司。联星与联通两公司一直运作到新中国成立后，1957 年公私合营时，变成了龙岗汽车站。

联星公司通过集资或用收取的过路费修筑了"淡平路"：由淡水经龙岗向东至平湖的公路，当时平湖就有通往广州的火车站。"淡平路"

约长 47 公里。这段路不知什么原因没有被记录在《惠阳县志》的统计资料中。

公司刚开张时已有六七辆汽车，那时没有汽油，车头侧面装有一个特制的炉子烧炭，形状跟开水锅炉相似，还带有一个手摇鼓风器。公司发展后，汽车最多时有十几辆。运输公司做往来深圳、平湖、淡水三个方向的客货业务，即一辆客车"顶上放货，车内坐客"。鹤湖罗氏不少人在公司负责财务、缉查、售票，或做司机、维修等工作。第一届司机叫罗德慈，一次在经回龙埔时撞死一老人，公司赔了钱，以后他再不敢开车了。

新中国成立前，在龙岗搞汽车运输的还有龙东"大田陈"的陈锡朋（92岁）兄弟，他们也有五六辆汽车跑运输，直到新中国成立。

一般说来，清末至民初（19 世纪末至 20 世纪初）是我国早期现代化阶段。从上述历史的陈述可知，民国后，"龙岗罗"与其他绅商，对龙岗的早期现代化是作过贡献的。如，在政治转型上，他们反对帝制，支持孙中山领导的辛亥革命，并"用自己的羽毛去保护革命者"；在经济活动中，他们又投身新式交通运输业，显示了经济实力，推动了地方经济的转型。这些广东商绅借助与港、澳的联系，采用新的经营方式，如建立股份制公司进行经济运作等，这都为传统封闭的经济模式打开了一扇窗，起到了别开生面的作用。

（节选自刘丽川：《深圳客家研究》第三章，海天出版社 2013 年版。有删节）

从契约劳工到零售商人

——论惠东宝客家人对牙买加近现代零售商业的历史贡献

英属西印度群岛的牙买加，废除奴隶制后，导致了作为支柱产业的制糖业劳动力急剧短缺，在经历了征募欧洲合同工和东印度苦力之后，中国劳工成为新劳动力的重要来源。1860年后，部分惠（阳）东（莞）宝（安）客家劳工完成劳动合同后，开始从事零售业。经过长达百年的艰苦奋斗，诚信经营，最终取得了成功，为牙买加近现代零售业的起步、发展和繁荣做出了重大贡献。

契约华工是一种"以印度和中国隐蔽的苦力奴隶代替公开的黑人奴隶制。"其实契约华工所受到的虐待比奴隶更为厉害。

——恩格斯

而我们也应该铭记这段历史！！！

牙买加：一个种族

地图上的牙买加，形似一片树叶，静卧于加勒比海母亲的怀抱之中。这个美丽的海岛，在其独立之前，曾经历453年的西方殖民统治。特别在英国殖民统治时期，牙买加不仅一度成为英属西印度群岛最重要的制糖业基地，也导致了岛上的民族构成、经济模式和社会形态发生了巨大改变，为后来华人登岛谋生创业提供了客观环境和现实基础。

牙买加岛原本居民是美洲土著泰诺人。1494年，哥伦布第二次远航时发现了该岛。15年后（1509年）西班牙殖民者开始在岛上建立种植园，至少6,000名品性柔顺的泰诺人被迫成为了奴隶。其后短短的数年间，这些泰诺人终因战争、疾病、屠杀、奴役而濒临灭绝。1517年，西班牙人从非洲贩运黑奴到牙买加，以弥补劳动力的不足。这一时期，犹太人也来到了岛上参与蔗糖生产，在完成劳工契约后，岛上的制糖业开始步入商业化和专业化的初始阶段。

1655年，英国海军从金斯敦港登陆，直逼当时首府西班牙城，西班牙人被迫投降并将牙买加岛拱手相让。1662年，英国任命"永沙"爵士为牙买加首任总督，开始长达300年的殖民统治。成为英国殖民地之后，牙买加经历了高度的移民时期，从17世纪至19世纪中后期，英国商人先后依靠贩运非洲黑奴和契约劳工来扩充廉价劳动力，强迫他们在种植园里工作。这些契约劳工最初来自欧洲（主要是爱尔兰人和德国人），后期则来自印度和中国，直至1838年英国废除了奴隶制，1917年废除了契约劳工招募制度，这种移民方式始见停止。

这一时期牙买加的移民人数急剧增加，主要表现为非洲黑人奴隶数量的增加。据英国殖民政府统计，1662年（即英国殖民统治元年），全岛人口仅有4,205人；100年后（1764年），岛上人口增至166,454人，其中140,454人属于奴隶身份（主要是黑人奴隶，下同），占总人口

独立前英属牙买加地图（来自《占美加
华人年鉴·1957》李谭仁）

的 84%；而 150 年后（1815 年），岛上人口骤增至 367,700 人，其中
339,800 人属于奴隶身份，占总人口 92.4%。

　　20 世纪早期，许多受到迫害的基督徒逃离了由穆斯林主导的奥斯曼
帝国（现为土耳其）控制下的巴勒斯坦、叙利亚和黎巴嫩等中东地区，
纷纷来到了牙买加。他们的到来，无疑增加了牙买加社会种族构成的多
元性。

　　大批黑人的到来，彻底地改变了牙买加的民族构成和人口分布。黑
人逐渐成为当地的主体民族。尽管他们大多数来自西非的北部和西海岸，
但在长达数百年的殖民统治里，他们已经与其他人种融合，种族特征也
早已逐渐地发生了变化。一项有趣的统计数字也许能够印证这种变化：
1960 年生活在牙买加的中国人有 20,945 人，其中混血中国人，占总人数

的 46%。这种民族构成和民族特征的变化，为日后牙买加社会中逐渐形成"来自多元，一个民族"的身份认同奠定了基础。

岛上非洲奴隶的大量输入，与当时甘蔗种植园经济快速扩展，有着密不可分的关系。牙买加拥有 10,830 平方千米的可耕地面积，远远地超过所有其他英属加勒比海群岛可耕地面积的总和。翠绿富饶的土地，强力地吸引着西方殖民者。早在 1665 年，大大小小的英国拓荒者们就陆续在肥沃的盆地和海岸平原上建立起棉花、可可、蓼蓝和甘蔗种植园。其中，最重要的作物非甘蔗莫属，因为这里的气候地理条件非常适合甘蔗的栽培。当时这种作物经济价值高，获利丰厚，诱使种植其他作物的小园主们纷纷改种甘蔗。在自由竞争条件下，实力雄厚的大种植园逐步吞并了小种植园。这样，大种植园取代了小种植园，大量输入的非洲奴隶顶替了那些不能胜任繁重体力劳动的欧洲裔劳工，甘蔗变成了压倒一切的物产，成为种植园主最牟利的事业。单一的畸形的制糖业，开始主导着牙买加的经济发展方向，虽然也存在一些自给自足的小农生产模式和城市里初级的商业形态，但与制糖业相比就显得微不足道了。

18 世纪上半叶开始，牙买加的蔗糖产量稳步上升。1748 年前后，出口到英格兰和威尔士的糖产量已经从 4,874 吨增加到 17,399 吨；到 1815 年，牙买加糖的出口量高达 73,489 吨，一度成为英属西印度群岛最重要的制糖业基地。丰厚利润滚滚而来，不仅驱使甘蔗种植园主们不断扩大种植园规模，不断购进比以前更多、更便宜、更驯服的黑人劳动力，也大大刺激了那些贪得无厌的英国商人和船主的胃口，催生了臭名昭著的"三角贸易"：英国的货船把枪炮、服装、工具和制成品从利物浦运到非洲西海岸；然后从非洲买上奴隶经大西洋运到西印度群岛，卖给急需劳动力的种植园主；最后载着卖出奴隶后挣得的钱从岛上购得糖和朗姆酒运返英国。

单一的制糖业经济和繁荣的奴隶贸易，使得牙买加的经济模式和社会形态发生了巨大变化：一方面，大批奴隶、土地和收入高度集中在一小撮白人种植园主手里，制糖业成为牙买加唯一的支柱产业，因为"甘蔗就是大王"，食糖是这个时期的主要出口商品。甘蔗种植园经济单一化带来了极其严重的后果，它不仅破坏了岛上的农业生产结构，还为日后糖业危机埋下了伏笔。另一方面，大量非洲奴隶的涌入，对牙买加社会和人口分布产生了巨大影响，形成了鲜明的主人与奴隶、植物园主与工人、自由人与奴隶、白人与非白人、商人与船主的社会角色分工，构成一个完整的、相互依赖的不同种族和不同阶层的社会形态。在这个社会形态中，种族的矛盾尤为突出，如 1730—1738 年间，黑人领袖卡迪乔领导的"马隆人"与英国殖民统治者的抗争和 1831 年黑奴的"圣诞节起义"就是一个例证。

18 世纪末 19 世纪初，单一的制糖业经济在竞争上的脆弱性充分暴露出来，种植园主们很快便尝到世界市场变化无常的滋味。岛上的制糖业开始萧条和衰退，最终陷入了长达 50 年的糖业危机折磨之中。诱发这次糖业危机的原因主要来自三个方面：一是古巴制糖业的崛起。由于机械化生产的推广，尤其是使用蒸汽驱动的榨汁机和铜锅炉，极大地提高了生产效率并降低了生产成本。19 世纪末，古巴的蔗糖产量已经比牙买加蔗糖生产初具规模时的产量超过了 10 倍。二是蔗糖世界市场格局已经彻底变化。来自巴西和远东蔗糖的巨大竞争和欧洲引种甜菜的成功，大大降低了欧洲对西印度群岛的依赖，繁荣一时的制糖业风光不再。三是 1838 年牙买加废除奴隶制后，大批奴隶向着岛上有大量闲置土地的农村地区迁徙，导致了种植园内劳动力的快速减少，而这些种植园还要同那些尚未废除奴隶制而经营成本低得多的国家和地区竞争，导致了一些种植园破产并把设备卖给古巴和其他岛上的种植园，蔗糖贸易大受打击。

为了摆脱糖业危机，牙买加殖民政府着手改变农作物的单一性，开始扩大一些农作物产量并引进一些新的农作物，这些农作物有香蕉、咖啡、

伊丽莎白教区乡村中的"咸头铺"（Ray Chen供图）

胡椒、生姜、金鸡纳霜树和椰子等，与此同时，还重整旗鼓恢复蔗糖生产，并把招募壮劳力的目光投向了亚洲——印度和中国。而在遥远的中国，那些饱受封建统治和战火蹂躏贫穷的中国南部沿海农民，满怀"加利福利亚淘金"的梦想，漂洋过海，历尽艰辛，来到了牙买加。

华人的到来与金斯敦"咸头铺"的发展（1860—1890）

第一批华人是怎样来到牙买加的？学者们曾有过两种不同的观点：第一种观点认为，首批移居牙买加的华人全部是来自巴拿马的中国劳工；另一种观点则认为，部分来自巴拿马，部分则直接来自中国。有关档案记录证明第二种观点更接近历史事实。

英国档案表明：第一批牙买加华人直接来自中国。他们与一位圭亚那的英国移民代理商詹姆斯·怀特签订劳工合同，乘坐的是埃普索姆(Epsom)号轮船。这艘船在1854年4月21日满载着310名乘客从香港驶往牙买加，途经印度尼西亚的爪哇群岛，绕过非洲大陆最南端的好望角，停靠于非洲西部海岛城市圣·赫勒拿，然后跨越大西洋抵达牙买加，全程历时118天，途中死亡43人，有267人最终到达了目的地。这次航行被认为是"英国鼓励直接而自愿的雇佣合同移民的第一次尝试"。这些移民成为牙买加的第一批华人定居者。他们来到牙买加之后，安置在克拉伦登(Clarendon)和金斯敦附近的卡曼纳斯(Caymanas)种植园，并很快与同年11月来自巴拿马的"吸血鬼"(Vampire)和"特雷莎·简"(Theresa Jane)两艘轮船上的205名华工会合。在这472名到达牙买加的华人中，267人是来自香港的合同工，而其余则是来自于巴拿马的契约华工。在第一批到达者中，只有30多人活了下来，其中有来自广东惠阳县横岗（今深圳横岗）的陈八和何寿、台山县的张胜、宝安县的凌三等。

第二批的中国劳工，主要来自加勒比海的其他岛屿。从1864年到1870年间，大约有200名中国劳工先后来到了牙买加。其中多为特里尼达和英属圭亚那的契约华工。当时种植园因自然灾害破产后，他们已经完成了三年合同期。与此同时，美国的农业公司正开始在牙买加投资。华工当时已经具有聪明、勤奋、坚韧和可靠的口碑。在当地劳工缺乏的情况下，美国公司曾专门到特里尼达和英属圭亚那招募契约华工。有些华人应募加入了农业工人的队伍，另外一些人则自愿从特里尼达、英属圭亚那、巴拿马或夏威夷来到牙买加。

第三批也是最后一次大的中国移民潮发生在1884年。他们是直接来自中国的契约工人。这批契约华工于1884年5月6日离开香港，在澳门登上"钻石号"（途中换乘"亚力山大王子号"），横跨印度洋，穿越

220

远渡加勒比 彼岸的祖父

苏伊士运河后，在马耳他补充燃料等物资储备后继续前往牙买加，7月12日抵达金斯敦港。这次航程比较安全，全船共搭载了680人，只有1人死亡，另有3个孩子在船上出生。除了大约有20人来自广东四邑（台山、新会、开平、恩平）外，其余均为来自东莞、惠阳和宝安等县的客家人。船上的翻译名叫陈亚维，医生为陈平彰。正是这群人构成了牙买加早期中国移民的核心。后来的移民大多为这些客家人的宗亲，并且都是在他们的帮助下移民到牙买加的。

曼切斯特教区乡村中的"咸头铺"（Ray Chen 供图）

波特兰教区乡村中的"咸头铺"（Ray Chen 供图）

关于牙买加华人的来源和籍贯分布，学者们注意到他们中绝大多数并非来自珠江三角洲地区，如三邑（南海、番禺、顺德）或四邑（新会、台山、开平、恩平），而是来自东莞、宝安和惠阳三县。同样值得注意的是，他们主要是客家人，而不是本地的广东人。下面的数据可以支持这一观点：李谭仁所著的《占美加华侨年鉴·1957年》（注：客家人把"牙买加"音译为"占美加"）中的人名录和华人墓地记录。根据李谭仁书中的资料，牙买加华人绝大多数人来自三个县：东莞（169人）、宝安（65人）和惠阳（57人）。其中超过70人来自于观澜这个位于东莞县的小镇。（见表1）

克拉伦登教区弗兰克菲尔德镇上的"中国商店"（Ray Chen 供图）

表1　牙买加华人祖籍地分布

祖籍地	人数	祖籍地	人数
东莞	169	香港	10
宝安	65	台山	6
惠阳	57	恩平	4
无记录	59	新会	1
出生于牙买加	33	鹤山	1

其他数据也验证了这一点。移民牙买加的华人出生地（侨乡）主要集中在少数几个地区，这一特点也在位于金斯敦的华人公墓记录中体现出来。这个公墓是在20世纪早期由"中华会馆"为那些客死牙买加却不能重返故里的华人修建的。截至1957年9月9日的公墓记录显示，在公墓中所葬的1,436名华人中，陈姓占据了最大的份额，共303人，占总数的21%。前8位的姓氏（陈、李、张、曾、郑、黄、刘、何）加起来一共有1,005人，占总数的70%。牙买加绝大多数的陈姓华人来自东莞县的观澜墟（主要是鳌湖人）；而大多数的曾姓和郑姓华人则来自于东莞县的塘沥；李姓主要来自宝安县的沙湾和惠阳的龙岗；何姓华人则大多来自惠阳的横岗墟。（见表2）

表2 牙买加华人公墓记录

姓氏	人数	姓氏	人数	姓氏	人数
陈	303	刘	72	戴	32
李	182	何	69	罗	30
张	135	丘	48	邓	25
曾	84	凌	40	廖	22
郑	84	杨	32	吴	21
黄	76	沈	32	蒋	20

中国客家劳工来到岛上，先后被分配到岛上不同的种植园里工作。他们的生活，并不比非洲奴隶好多少，植物园主们担任了奴隶主的角色，因为他们认为中国工人比欧洲人低等。1885年，爆发于圣·托马斯教区（St. Thomas）境内"托简飞"糖厂的华工暴动事件就是一个鲜活的例证。当时有100多名华工在糖厂里工作。每天从早上6时至下午6时不停劳动，华工认为工作时间太长，生活条件太苦，要求减少工时，改善条件。糖厂主人不接受，于是华工群起怠工。糖厂主人便纠集160多名黑人和

印度人充当打手，强迫华工按时工作。双方爆发冲突，华工伤7人，黑人死1人，伤多人。事件迫使糖厂主与华工进行谈判，并接受华工改善工作条件的部分要求，工作时间改为早上7时至下午4时。这场抗争，以客家劳工的胜利而告终。

面对压迫与欺凌，天性温顺平和的客家人还是凭借着自己吃苦耐劳的品性和出色的工作能力赢得了植物园主们的赞赏和认可。随着英属圭亚那华工的到来，甘蔗种植园里应用了"真空平锅"技术，能有效使用这种工艺精炼蔗糖的，一般都是中国工人。他们当中一些人不仅富有创造力地勤奋工作，还精于打算，谋划将来。根据劳工合同，每月工资3英镑，被扣除伙食费、日用杂费和归还从中国到牙买加的船费之后，实际上可以领取不到1英镑。靠着勤俭节约，5年下来就会有一笔50到60英镑的小积蓄，为日后另谋出路好准备。

1860年后，第一批华工在合同期满后，大部分客家人聚集到了首府金斯敦和圣·安德鲁（当时客家人称之为"大埠"）寻求新的生活。一些人首先在金斯敦办起了"咸头铺"（即百货店或者零沽店）。这种"咸头铺"规模小且又极简单，全店货值不超过20到30英镑，商品也不过10至20种，主要是糖、米、油、盐、面、粉、肥皂、火柴、咸鱼等生活必需品，极少经营其他商品，而顾客主要是在当地谋生的华人同乡。起初，"咸头铺"的经营十分艰难，每周销售额不过3到6英镑。客家店主从早上6时开门营业至晚上11到12时收市，周日则照常开market；他们睡"杠打"（客家话，意为睡在柜台上，生怕错过任何一个顾客）、穿"面包布"（即穿用面包布袋做的衣服），还引入了中国农村社会中盛行的"赊账簿记"灵活销售方式来苦苦支撑。不久，一些贫困的当地人（主要是黑人，下同）也逐渐接受这种灵活的营销方式，因为"咸头铺"能够让他们小额而不是大量地购买到一些如粮食、糖、盐等生活必需品。随着消费群体的逐步扩大，"咸头铺"顽强地生存了下来。这些开辟草莱的先驱人物有：第一批契约劳工陈八、何寿（广东省惠阳县横岗人）、张胜（广东省台山县人）、凌三（广东省宝安县丹竹头人）、黄秀（广东省东莞县塘沥人）等。

1864—1870年间，第二批华人先后来到了牙买加。他们当中一些人直接加入到华人零售业开拓的行列之中，其中有来自哥斯达黎加的林丙、来自英属圭亚那的黄昌（先在陈八店内佣工）和李谭美（初在张胜店内佣工）等。随着那些解除契约华工的不断加入，一些原先由小本经营的华人"咸头店"逐步变成了中等商店，并寻求成为小批发商人，这样又促使客家零售业开始向着"批发行＋'咸头铺'"模式转型升级。最先开设批发行者有陈八、张胜、凌三等，其后有林丙、黄昌、丘亚嘉（最先开设汽水行者，来自美国）、李谭美（为当时华人最大批发商）。

批发是零沽的对称，共同构成零售业的基础。华人批发行从进口代理商或者码头行（其时多为白人经营）批量购进货物，然后小批量地卖给那些有需求的"咸头铺"；而"咸头铺"则以更小的数量单位分散卖给终端消费者。当时经营批发行的客家人素有"诚实、勤俭"的美誉，因而赢得了进口代理商或者码头行的充分信任，对于货物的发售和货款的催收均有付款数期；而"咸头铺"又多以咸头批发行为靠山，只要具备良好信用和经验条件，货物就会源源不断，生意畅旺。这种"赊销"方式对于初期资本不足的客家零售业来说，犹如锦上添花，雪中送炭。

当时牙买加的社会、经济、政治环境和文化氛围对客家零售业的起步是有利的。从人口特点看：在18世纪晚期，约有10%的奴隶居住在牙买加城市里。这些奴隶，主要由白人和被释放的黑人奴隶构成，各自生活在一个小群体之中。有的从事家仆、小贩、沿街叫卖者的活计，还有的则是港口的搬运工人。不少生活在城市里的贫困当地人，逐渐成了"咸头铺"的主要顾客，为客家零售业的生存和发展提供了商机。从经济结构看：传统的观点认为，殖民地的作用就在于向宗主国提供原材料，并消化宗主国的产品。当时牙买加作为英国的一个农业产区，除每年向宗主国运输大量的如食糖、咖啡和香蕉等农产品外，还得消化进口的英国产品。由于原有的产品消化模式无法满足废除奴隶制后社会变化的客观需求，这样就为客家零售业的生存和发展提供经济土壤和创业空间。从政治环境看：当时牙买加正处于摆脱糖业危机的恢复期，需要大量劳动力来岛参加开发建设，因此，殖民政府还没有制定任何限制移民入境的政策措施，这就等于为客家零售业输入劳动力开了绿灯。从文化氛围看：来自非洲的奴隶刚刚获得解放，还没有足够经验发展出必要的商业技巧，而其他种族集团则认为开办小商店提供零售服务有损其身份和尊严。应变能力极强的客家人凭借融和、诚信、节俭、勤奋的传统文化优势，在族群对立的狭缝中建立起了自己的零售业。

经历长达 30 年左右时间的艰辛开拓，苦心经营，客家人一手打造的零售业初级形态——"批发行＋'咸头铺'"，开始与西方人的进口代理商或者码头行进行商业对接，对近代牙买加的经济和社会产生了积极的影响。一是填补了当时牙买加零售业一个急需填充的经济空间。当时华人零售业充当了这样一种社会角色，就是将进口的生活消费品更加有效地分流到社会的不同阶层，为不同的消费者提供更好的服务和实惠。二是客观上起到了促进族群融合的纽带作用。在大种植园主用来自印度和中国的劳工顶替非洲奴隶，被解放的奴隶变成了小农户，逐渐发展成农村的中产阶级。这样不同的社会阶级就形成了：大种植园主，小农和农业工人。但在殖民统治时期，种族歧视的阴霾始终挥之不去，由殖民者控制的商业对社会底层群体的生活需求关注明显不足，直至客家零售业的出现，这种情况才有所改善。虽然客家人创办零售业的目的是为了赚钱谋生，但客观上却起到了促进族群融合的纽带作用。三是为近代牙买加零售业向城乡各地拓展积累了经验、准备了条件。随着华人移民数量的增加，客家零售业出现了相互竞争的态势，一些嗅觉敏锐的客家人

伊丽莎白教区黑河镇上的"中国商店"　（Ray Chen 供图）

在大埠暂短佣工并与批发行建立信用关系之后，开始向金斯敦和圣·安德鲁以外的城乡地区迁徙，以谋求新的零售市场。至 1890 年前后，约有 40% 的华人生活在金斯敦和圣·安德鲁以外地区。

华人社区的扩展与遍布城乡的"中国商店"（1890—1930）

牙买加华人社区的扩展是华人零售业发展的必然结果。在创业初期，客家零售业的经营者主要由解除契约后的中国苦力劳工构成。他们首先聚集在金斯敦和圣·安德鲁地区，并开办起华人的"咸头铺"，稍有发展后，继而开设批发行。随着客家零售业的发展，那些远在中国的兄弟子侄或者同乡亲戚，在他们的帮助之下也先后来到了牙买加。华人移民人数不断增加，既为早期客家零售业不断注入新的劳动力，也带来了"大埠"

地区零售业的同业竞争。竞争的结果，迫使那些新移民或者竞争能力较弱者不得不离开"大埠"地区，逐渐四散到各地的农村教区去开拓新的零售业市场。

在蔗糖经济的繁盛时期，牙买加岛上的大种植园主们大量囤积了土地。为了保持较高的垄断价格，榨取最大限度的利润，实行了限制生产的政策，造成岛上大量的土地被闲置而未能耕种。奴隶们获得解放以后，就向这些闲置的土地迁徙，并且在那些生产和出售产品的村镇附近建立起很多"自由村"。这种迁徙活动，一方面，让岛上的居民不再那么集中，更多的人向着岛内广大地区谋求自由发展；另一方面，也使岛上形成了巨大的零售业市场。

个案研究表明，华人社区的扩展，是由个体深入然后形成小区的方式演进的。这个演进过程，饱含着华人逆境求变的辛酸和血泪，充满着客家人特立独行的气概和激情。这些早期的客家移民一辈子吃了两代人的苦，为了子孙后代他们宁愿自己多吃苦，令人肃然起敬。来自广东省东莞县观澜墟鳌湖人罗贵贵，1884 年来到牙买加后，与部分同批的苦力劳工被安置到西部威斯特摩兰（Westmoreland）教区一个名叫雷诺克斯（Lenox）的种植园里工作。完成 5 年劳工契约后，他在位于西摩兰教区与圣·伊丽莎白（St. Elizabeth）教区交界处开办了第一间商店。他的后人回忆：当时的经营十分艰难，每次使用马牛或苦驴车从圣·伊丽莎白到首府金斯敦去购买咸鱼等商品，来回就得花上几天的时间；即便现在再次回到祖辈第一次开店的地方去实地考察，也无法还原其当初选择地点的真正想法，但有一点是可以肯定的——他对曾经工作过的地方环境和生活人群是比较熟悉的。而另一个案反映的是完全不同的选择路径。来自广东省惠阳县龙岗镇罗瑞合村的罗定朝（Samuel Lowe），1906 年以投亲靠友方式来到了首府金斯敦。先在同乡亲戚开办的商店里佣工 2—3 年后，前往中部克拉伦登教区一个名叫摩可（Mocho）的偏僻贫瘠山区创办起自己的第一间商店。当年有几间华人店铺的那一小块地方至今还被当地人谐称为"香港"（罗定朝的孙子回忆说：祖父选择摩可开办自己的第一间店铺，是因为摩可周边环绕着由大地震冲刷形成的广阔种植园区，而小镇附近村落的居民大多是当年废除奴隶制后涌向山区"自由村"的黑奴后裔。他们大部分人在种植园里工作，只有少部分人耕种自己开垦的土地，农作收获也主要卖给附近的种植园主，收入低迷，普遍比较贫穷。在这里开店，规模不需要太大，投资小，也不像大城市那样竞争对手众多，完全有可能生存下来。后来者对地方的选择变得更为多元，但离不开以下五种地区：一是四通八达之区，为人们汇集之地；二是风景优美，为游客喜好之地；三是有铝矿出产，经外人开发之地；四是繁植甘蔗，有食糖出产之地；五是土产作业，出产丰富之地。总之，凡人气聚集之地，可以经商之处，不论是繁华的贸易市镇，还是偏僻的乡野山村，到处都会留下客家人创业的足迹和汗水）。

客家人深入到广大农村地区，逐渐融入当地社会，给当地带来了许多新的变化。在19世纪末20世纪初的牙买加，很多深入到农村各地的客家男人会在他们的商店里迎娶牙买加籍新娘，或是与当地女性同居组成新的家庭。漂流海外的孤独感和生活中承受的各种压力，促使他们通过这种方式来保护自己、寻求慰藉与帮助，这就是今天华人后裔中存在许多混血儿的历史原因之一。而据赫伯特·刘回忆：当年他的客家父母来到北部圣·玛丽教区奥尔巴尼（Albany）的偏僻山村开办第一间店铺的时候，可谓一片荒凉。村中约有4,000—5,000本地人居住，绝大部分人都在附近的种植园里工作，而周边散落的小农户则艰难地生活着。这里没有社区中心，没有中学，没有电力供应，没有供水的管道，没有电台广播；只有一名村警驻守当地维持治安；每隔两周会有一名从城里来的医生为当地人提供半天的医疗服务；邮局和火车站离这个偏僻的村庄还有3.2公里路程。起初，当地人对于他们的衣着、语言和生活方式很难接受，但他们睦邻而居，以礼相待，每天兢兢业业、勤勤恳恳地工作。早上6时开铺，晚上9时收市，到了周五或者周六甚至晚上10时才关铺；遇语言不通无法交流时，就让客人拿着小木棒点选货架上的商品来完成交易。凭着诚实、便利、周到的服务，为周边社区带来了很大的便利，提供了许多所需服务的同时，也赢得了本地人的信任，父亲（赫伯特·刘的父亲）成为了周边许多家庭的知心朋友。他经常为本地人调解家庭纠纷，或为重大事务提出自己的见解和建议，甚至还会为一些经济困难的家庭提供金钱上的帮助。友善的当地人也不时带上水果和蔬菜来到店里慰问他们，父亲成了村中不成文的"长老"。

除岛上广大乡村渐渐地发生着变化外，城镇里的华人社区也发生了改变。这个时期，位于首府金斯敦的华人批发业有了长足的进步。除了咸头行外，还出现了如散货行、铁器行、布匹行、酒水行等分工更细的批发行业。以公主街（Princess）、巴里街（Barry）、橙街（Orange）、塔楼街（Tower）、港湾街（Harbour）、贝克福德街（Beckford）、必昌街（Pechon）以及它们之间的小巷构成的唐人街商业中心的雏形已经形成。这里商行林立，规模较以前大了许多；这些大的批发行货品齐全，主要有食品和日常用品等。来自全岛各教区城乡的商人大多会在周一来到唐人街购买商品补充货源，人流熙攘，一派繁荣景象。而在地方教区的城镇里也涌现了不少中国商店、餐厅、酒吧、干货店和五金店等，这些只有一条商业主街道的城镇也繁华起来，中国商人的生意越做越火。这些城镇有：圣·凯瑟琳教区的西班牙城（Spanish Town）、圣·安斯贝教区的奥乔里奥斯（Ocho Rios）、曼切斯特教区的曼德维尔（Mandeville）、圣·詹姆斯教区的蒙特哥贝（Montego Bay）、波特兰教区的安东尼奥港（Port Antonio）、圣·玛丽教区的玛丽亚港（Port Maria）、威斯特摩兰教区的滨海萨瓦纳（Savanna-La-Mar）、圣·伊丽莎白教区的黑川（Black River）和特里洛尼教区的法尔茅斯（Falmouth）等。值得注意的是，这

远渡加勒比 彼岸的祖父

表3 牙买加华人人口统计

地区	1881	1891	1911	1921	1943	1948	1953	1960	1995	1998
金斯敦	84	295	754	1180	4154		3196			
圣·安德鲁	4	9	198	369	2085			7852		
其他地区	11	178	1159	2347	6155					
合 计	99	482	2111	3896	12394	12401	18655	21812	20000	22500

一时期各地城乡的小批发行和农村零售店再也不是单一经营咸头等日用必需品，其经营范围早已扩展到五金农具、面包、酒水、雪糕、药品、杂货、布匹、汽车零件等日常生活用品，成为名副其实的百货商店，当地人亲切地称之为"中国商店"。

1890—1930年，华人在牙买加的零售业取得了巨大发展。首先，表现在华人在牙买加的人数增长和地区分布的变化上。据殖民政府的人口普查显示，在1891年，482名华人之中，有295人生活在金斯敦，圣·安德鲁区9人，其他地区则有178人；1911年，在2,111名华人中，有754人生活在金斯敦，圣·安德鲁区198人，其他地区则有1,159人；1921年，这个数字继续发生变化，在3,896名华人之中，有1,180人生活在金斯敦，圣·安德鲁区369人，其他地区则有2,347人。（见表3）而到了1930年，华人在牙买加的人数已达6,000之众。

数据显示，1930年华人在牙买加的移民人数是1891年的12.44倍，反映出这一时期客家零售业快速扩张带来了劳动力的巨大需求；而1911年以后，各教区城乡地区（当时客家人称之为"山埠")的华人人数开始超越"大埠"地区，说明作为零售业重要生产要素的人力资源已向"山埠"地区倾斜，基层零售网络组建正在加速。其次，表现在零售业市场占有率上。李谭仁先生在他的《占美加华侨年鉴·1963年》中指出：第一次世界大战之后，牙买加的成头零售业生意，无论通衢大邑，还是穷乡僻壤，几乎全部掌握在华人手中。这一时期，为我华人成头零售业发展的最好时期。再次，表现在华人零售业经营范围的扩展上。1920年后，"山埠"地区"中国商店"的经营范围开始逐步扩展。除了继续经营生活必需品外，有的兼营酒水，有的兼营散货，有的兼营布匹，有的兼营雪糕餐馆，有的兼营药品，有的兼营铁器，有的兼营汽车零件和汽油，各行各业，营销畅旺。到了1930年，客家人的零售商业已建立相当基础，各类大批发行有30余家，百货类"中国商店"有1,200余家，遍及城乡，覆盖全岛。

这一时期，客家零售业的快速发展，主要得益于较为有利的社会环境和"自我实现"式的发展模式。第一次世界大战的爆发，使牙买加步入长达10余年的经济增长期。农业生产的增加，当地人收入水平的提高，大大刺激了社会整体的消费需求。客家零售业发展适逢其时，但在当时

特里洛尼教区法尔茅斯镇上的"中国商店"（Ray Chen 供图）

233
远渡加勒比
彼岸的祖父

运货的马车（Ray Chen 供图）

牙买加社会普遍不被重视和支持的条件下，只能采用"自我实现"式的发展模式以应对来自外部的压力和挑战。所谓"自我实现"式的发展模式，主要是指当时各地城乡的华人零售店生存和发展，基本不依赖本地社会资源来解决它的劳动力、商品供给以及资金的流动问题。客家家庭、华人社团和族群资源，成为客家零售业生产要素的重要来源和补充。源源不断的族群移民，让客家零售业获得了充裕和稳定的劳动力；在社会压力下催生的华人社团（如"中华会馆""致公堂"等）在帮助华人解决内部纠纷、对外协调与资金借贷的同时，还制定了许多有利于客家零售业发展的商务逻辑。如佣工培训制度：凡到牙买加的华人新移民，在独立开办零售店之前，须在亲戚朋友的店铺内佣工2—3年；在初步掌握经营技能后，经由店主推荐给批发行建立信用关系才能开始创业。而"赊销"制度，则使得那些资本细小的零售店主可以从批发行手中获得更多的商品供应，顺应了业务扩张的需求；华人移民的增加，带来了华人社区的扩展，而华人社区向各地城乡的延伸又助推了客家零售业更大的发展，遍及城乡、覆盖全岛的华人零售网络逐步建立起来。大的批发商向中等批发商店提供商品，而后者则向小的批发商店，或者遍及全岛农村教区的更小的零售商店提供商品，成为牙买加早期商业的主要支柱。

然而，如果我们据此推断出客家人是在一块友好的土地上工作和生活的话，那就大错特错。华人遭遇困境和不公正的情况时有发生。1905年和1919年，牙买加殖民政府先后颁布和修订外侨限制法；其后，立法议会又通过了一系列限制华人商业活动的法律（包括佣工、营业时间等）。这些专门针对华人的法例，主要目的是为了阻止客家零售业在岛上的快速扩张。更为不幸的是，当时的牙买加社会存在着一股很强的反华潮流，发生在1918年的反华骚乱和1928年圣·安斯贝火烧华人店铺的事件，就是这股潮流的具体表现。有人统计，1930年以前，遭当地人行凶谋杀的华人达13人之多。与此相对照，类似的敌对情绪在特立尼达或英属圭亚那则并不明显。

尽管遭到了敌对的和不友好的对待，客家人在牙买加零售业仍是异军突起、快速发展，为牙买加的经济和社会发展做出了重大贡献。正如中国驻牙买加大使赵振宇先生在为纪念华人来到牙买加150周年而出版的《店主》一书的序言所作的评价："在创业初期，牙买加华人大多靠在乡村开办杂货店为生。这些店铺以经营日用百货和农业器具为主，并采用赊账等灵活方式逐渐扩大规模，成为牙买加早期商业的主要支柱。'Chinese Shops'（中国商店）也成为家喻户晓的'诚信、便利'的同义词。"

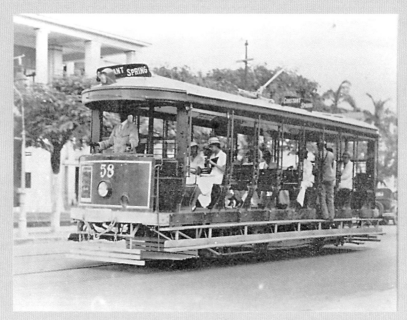

首府金斯敦上的有轨电车（Ray Chen供图）

华人商业的调整与社会零售业的整体定型（1930—1960）

1929年爆发的世界经济危机和随之而来的经济大萧条，席卷整个资本主义世界，并逐渐波及殖民地、半殖民地国家和地区，牙买加也难免其殃。在经济危机的巨大冲击下，消费市场刚性需求急剧下降，客家零售网链底端的小批发商和零售店纷纷结业，即使侥幸生存下来，规模也大幅萎缩，开始步入为期10年（1930—1940）的商业调整阶段。

穿行城市与乡村之间的公共汽车（Ray Chen 供图）

如果我们把这次世界经济危机带来的冲击视为大气候的话，那么当时牙买加社会中出现的新变化所形成的小气候，更让客家零售业雪上加霜，步履维艰。经历数十年华人社区不断扩展，客家零售业网络已经朝着各教区广大的城乡地区延伸，一方面加速了客家零售业的快速发展和资本原始积累，另一方面却诱发了华人在各城乡地区的同业竞争。20 世纪 20 年代后期，一些短视的“中国商店”，为求扩大经营，抢占市场份额，不惜采取削价销售的营销方式（在百货业和面包业尤为突出）。恶

建于20世纪初期的牙买加致公堂建筑
（Ray Chen 供图）

性竞争导致弱小的经营者纷纷结业、退出市场的同时，也为日后当地人抢占乡村地区零售业市场创造了条件。

深受经济萧条的影响，一些居住在穷乡僻壤或者小城镇的当地人倍感生活压力，开始办起自己的零售商店。他们采用亦农亦商的方式开展经营。早晨开店营业，饭后9时前往田畴工作，至下午3时后又返回小店经营。此时适逢一些华人店主竞相削价促销，又大多采用赊销方式，为当地人小店的起步提供了莫大的帮助。1930—1940年间，当地人经营的零售小店如雨后春笋，纷纷设立；而部分"中国商店"则向较大的城市搬迁。据统计，1930年，全岛客家零售店约有1,200家，其中各教区城乡约有800家，金斯敦和圣·安德鲁商业中心地区约有400家；到了1940年，情况发生了明显变化。岛上的"中国商店"约有1,100家，其中商业中心城市约有700家，各教区城乡仅存400家。

这种商业性的调整也反映着这样一种客观现实：20世纪30年代的牙买加，几乎全部为白人的900个家庭拥有2/3的土地，而100万牙买加人生活在贫穷困境之中。只有极少数的黑人拥有自己的土地，通常约1英亩，根本无法为其家庭提供足够的口粮。大量的人口从乡村迁往主要城市，造成城市人口拥挤，加上高失业率，工资偏低，生活条件很差。而这一时期的客家人，特别是深入到各教区城乡经营"中国商店"的客家人，经过长年累月的艰苦创业，不但事业有成，有了积蓄，而且大多数有了自己家庭（其中不少华人与当地人通婚或组成了新的家庭）。一些店主出于为下一代营造一个理想生活和教育环境，开始迁往商业中心城市，布局新的商业经营；另一部分人，则选择离开牙买加去寻求新的机会。

1939年第二次世界大战爆发后，英国战时内阁逐步确立并完善了资源全面管制政策，牙买加随之进入经济统治时期。政府对农业生产实行了一系列刺激措施，使牙买加的经济状况有了很大的改善。统一物价、工资并实行食品定量供给，使得物价稳定，工资水平不断上升，居民生活更有保障。这一时期，岛上客家人的零售业开始好转。随着第二次世界大战的结束，华人的商业活动更趋活跃，各行生意又再兴旺起来。正如李谭仁先生所指出的那样："我侨界此时之商业，更为繁荣，直至1962年夏秋之间，约有二十二三年之久，都是欣欣向荣，生意兴旺，故我侨的生活，多数是家给人足，可称黄金时期。"

1940—1960年，客家人抓住了牙买加战时经济恢复和战后经济重建的"黄金时期"，主动适应环境变化，加速自身商业调整，加快融入社会进程。这一时期，华人商业朝向多元化发展，不再仅执一业。客家人经过长年的刻苦经营与奋斗，大部分人已有了可观的积蓄，加上当地经济的恢复性发展和商业中心地区人口快速增加，为华人商业调整创造了有利条件。部分华人开始扩张食品加工和制造规模，主要有汽水厂、面包厂、雪糕厂、椰油厂、辣椒酱厂和糖果厂等，较有规模者有叶万三的"叶三汽水厂"、陈连理兄弟的"吉利富汽水厂"、黄新求的"新月汽水厂"、郭来父子的"国民面包制造厂"、陈禄谦的"莱椰钦摩雪糕厂"、凌亚不的"凌氏糖果厂"和"必甲辣椒酱厂"。更有卓见者开始进军铁器制造、商业包装物料、皮革制造、酒店餐饮服务和农业生产领域。业界影响卓著者有胡竟先女士创办的"嘉立铁器厂"、巫庆良的"益美制造厂"、陈水秀的"百老汇皮革厂"。餐饮服务业方面，见有国泰楼、国际酒家、顶好酒家、京都酒家、永盛酒家等知名品牌。农业方面则有郑锡荣、洪恭、赖恭等人擅长。

作为客家人商业骨干的"大埠"批发业，多数转向多种经营，商业活动更为规范。过去数十年，在岛上零售网络构建完成之后，牙买加零售业一直掌握在客家人手中。但在这一时期发生了新的变化：客家店铺不断向商业中心城市转移搬迁，各地原有的乡村"中国商店"大部分已转由当地人接手经营；交通条件日渐改善，进口代理商（或者码头行）和新型超级商场的推销员深入到乡村小店直接推销商品，城市里批发的商品中转功能明显下降，昔日一度有效运作的"进口代理商（或者码头行）——华人批发行——乡村'中国商店'"零售商业模式面临挑战。随机应变的客家商人，一方面转向多种经营，如咸头行兼营散货、酒水、缸瓦、铁器及零星杂货；散货行则兼营咸头、酒水、缸瓦、铁器及零星杂货等。总之，只要市场有所需求，就不乏兼营者。另一方面吸取历史教训，防止恶性竞争，在"中华会馆"组织下，纷纷成立各行商会，计有咸头行商会、华侨零沽商会、面包炉商会、雪糕餐馆商会等。各行商会对内通报商情信息，约束会员经营行为；对外协调沟通，统一应对外界压力。1942年，曾有大埠华商投机取巧，囤积居奇，不时通过黑市出售货物以图厚利。华侨零沽商会会员，奔走相告，奋力制止，此举对经济统治时期客家人的零售店起到很好的保护作用。1930—1943年间，华人常遇当地人"揪铺逼迁"事件,"中华会馆"会同各行商会协调行动,对涉事当地业主2年内不得与其贸易,维护了华侨店铺的安宁。

这一时期,客家后裔开始进入社会各行各业,加快了族群融合的进程。早年来到牙买加谋生的客家人,在极其艰难的情况下创立了家业,但他们对侨居国的社会始终没有太大的兴趣,主要原因是由于语言障碍和对当地政治不感兴趣的心态所致。与他们截然不同的是,他们的后代生于当地,长于牙买加,其思想、语言、行为、习俗早已当地语系化。这些客家人的第二、三代,多数在英美等西方国家接受高等教育,不出国门者也在本地中等以上学校毕业,学养知识比老一辈华人更为丰富。他们更关注自己与当地社会的联系,更关注自己在商业和社会中公平待遇与平等;一些华裔年轻一代甚至开始把自己视为牙买加人,而不是中国人。他们选择职业的取向,呈现出多元化的走向。有的选择加入家族生意,提升商业管理水平;有的则走向社会谋求新的发展,从事如公司文员、售货员、律师、工程师、会计师、医生、音乐家、画家、摄影师、政府公务员等不同职业。随着日益增长的商业成功,华人后裔不可动摇地与牙买加非常现实而又更加紧密地联系起来,这种联系又使得华人融入牙买加社会进程进一步加快。在这一过程中,一些客家后裔脱颖而出,为牙买加社会做出了杰出贡献,如雷鬼音乐先锋、音乐制作人江运安(Leslie Kong)、著名摄影师曾汉麟(Ray Chen)、著名建筑设计师罗其芳(Arthur George Lowe)等。

族群的融合是双向互动的。1940年以后,少数华商精英以其卓越的贡献赢得了牙买加社会的普遍信任和尊敬,开始步入当地的政治领域。在殖民统治时期,"地保官"(Justice of the Peace,又称"太平绅士")是一种荣誉,这种荣誉只是"适当地授予本地人或华人,并且特别为人们所珍爱"。戴桂昌是第一个获得这一头衔的华人,他于1943年在圣·安德鲁地区获得,后来还成为一名国会议员。此后的第二年,华商郑丁发也成为同一地区的地保官 。而接下来的16年间，先后有22名知名华商在不同的地区被殖民政府任命为地保官。我们同样关注到，这24名地保官中，绝大多数为广东惠（阳）东（莞）宝（安）地区的客家人。

华人的商业调整，对客家零售业的发展具有重大历史意义。一是华人商业在发展零售业同时，已逐步向制造业、酒店餐饮服务业和农业扩张和延伸，这不仅壮大了华侨的商业规模，也避免了零售业过度竞争和单一商业形态带来的风险。有人估计，到1962年前后，牙买加华人商业资产规模已达到1,000万英镑。 二是华人商业在食品加工、铁器制造、商业包装物料、皮革制造、酒店餐饮服务和农业生产领域的延伸与拓展，增强了华人零售业在供给侧的控制，助推了华人零售业的进一步发展。1954年，在1,250家华人经营的商行中，有1,021家是零售店；而岛上46家较大的批发商行中，有38家由华人经营的。牙买加华人控制着牙买加零售部门的命脉。三是华人商业调整，改变了侨商对岛上零售业的影响模式，从过去"点与线"的网络控制，朝向社会"面"主导形式过渡，不仅实现了商业角色的重新定位，也确立了客家人在牙买加零售商业体系中的主导地位。四是华人的商业调整和发展，为日后客家人进军和拓展岛上现代银行业、建筑业、大型酒店服务业、超级商场百货业、制造业、石油天然气开采业和通信业打下了坚实经济基础，深刻地影响着牙买加现代经济发展的历史进程。

随着华人商业地位的确立和社会族群融合进程的加快，现代牙买加社会零售商业体系开始定型。1954年12月，由客家人主导的华侨零沽商会提出了改变商会名称的问题。其主旨是删掉"华侨"这个词，通过吸纳"西人商店"来扩大商会对零售业的影响。据传这种改变将会带来三个好处："一、力量增大，地位随之提高；二、对外交涉，更为有效；三、对内组织，可收中西合作之功。" 在一篇题为《华侨零沽商会更换名目》的社论中，作者认为，"名称应以占美加零沽商会Jamaica Retailers

Association 为佳；但应考虑三个问题：会址之所有权，会章之修改，会议时之语言"。很明显，华商组织考虑通过更改商会名称，一方面可以吸收更多的店主并扩大商会的会员范围，加强与其他种族集团的沟通交往，促进东西方文化交流；另一方面，也试图通过采取当地价值观以及与牙买加社会相适应的生活和经营习惯来统一零售商业规范，以达到一体遵行的目标。自此以后，一个由华人群体、当地人及岛上其他种族集团组成的全新的社会零售商业体系开始形成。由张翰良先生主编的《世界华侨·第二集》中，这样高度评价华人对牙买加商业发展的杰出贡献：华侨经营的各种事业，十分发达，资本雄厚，人才济济。尤以经营咸头杂货之批发及零售、新型超级商场最为突出，80%操控在华人手中……不仅在当地工商业界占有重要地位，即使在中南美洲的华商业界，也极具影响力。

（选自罗敏军 2016 年 10 月在第七届客家文化高级论坛暨首届客家文化产业发展论坛讲稿）

跨越种族边界的族群认同和族谱书写

　　"我从哪里来？"是从小开始就困扰葆拉的一个问题，因为从肤色上看，她是一位地道的美国黑人后裔，但与众多黑人不同的是，她又长着一张独特而美丽的华人面孔，成为街区人们的议论对象。在成长过程中，逐渐从母亲的口中得知自己的外祖父是一名中国人，名叫Samuel Lowe，来自中国广东省惠阳县龙岗镇（现属深圳市）。为了寻找这位外祖父，葆拉在退休后，经过多方努力，最终找到了外祖父所在的家乡——深圳市龙岗镇罗瑞合村，并认宗归祖，实现了母亲长达近百年的心愿，罗氏族人也把葆拉及其在美国家族成员一起写进了《龙岗鹤湖罗氏定朝公家谱》。在这个跨越了不同的大洲和国家、姻连着不同的种族和家族，演绎了一个传奇的寻根故事。本文以葆拉寻亲为研究对象，运用人类学的族群理论对葆拉的寻亲过程和族群认同进行分析，并就罗氏族谱的一些创新之处进行探讨。

远渡加勒比 彼岸的祖父

2016年3月,
葆拉表姐在深圳出
席《寻找罗定朝》
纪录片首映仪式

跨越大洋彼岸的百年寻亲

寻亲人物——美国黑人葆拉和她的外祖父罗定朝

葆拉（汉语名"罗笑娜"），是美国通用电器公司（GE）前副总裁。1952年出生，在纽约的黑人聚居地哈林区长大。1974年开始，先后就读于美国瓦萨学院、雪城大学纽豪斯公共传播学院。大学毕业后，她先在达拉斯沃斯堡报社担任记者，后加入NBC（美国全国广播公司，全美三大商业广播电视公司之一），于1989年升任NBC新闻副总监，1996年担任NBC副总裁，2006年7月升任NBC董事会副主席，成为美国传媒界为数不多的少数族裔高层。2011年8月，葆拉离开NBC投身商海。她担任了美国WNBA联盟球队洛杉矶火花队的老板，旗下的产业还包括百老汇联邦银行、麦迪逊媒体基金、威廉姆斯房地产集团等企业。她的大哥Elrick（汉语名"罗敏志"）毕业于哈佛大学商学院，后担任芝加哥期货交易所董事长；二哥Howard（汉语名"罗敏坚"）则是一个金融公司的老板。2012年，葆拉从通用电器公司（GE）副总裁职位退休后，为了完成母亲的遗愿，开始了一段寻根之旅——寻找外祖父罗定朝。

罗定朝，广东省深圳市龙岗镇罗瑞合村人。1906年，他与叔伯兄弟等人一同登上远洋轮船，背井离乡，外出谋生，来到了位于中美洲岛国牙买加的金斯顿。他从经营零售业开始，后来成为当地有名的华人客商，事业有成。期间，他先与牙买加女子Emma Allison同居生活，一同创业，育有子女Adassa（汉语名"罗碧玉"）、Gilbert（汉语名"罗早泉"）。后来他结识了另一名叫Albertha Beryl Campbell的牙买加姑娘，并与其于1918年11月生下女儿Nell Vera（葆拉的母亲，汉语"罗碧珊"）。但受到族人的歧视与干扰，在Nell Vera 3岁时，不得不随着母亲返回了家乡。不久，在父母的包办下，罗定朝"隔山娶妻"，与横岗和合村的何姓商人之女成亲。1920 年，他的妻子何氏在惠阳"水客"的帮助下，也来到牙买加，共同经营他们的事业。到了 20 世纪 20 年代末，美国爆发了一场严重的经济危机，并引发了全球经济大萧条，大批华人陆续离开其侨居国或地区。受此影响，罗定朝的生意也逐渐衰败而最后破产。1933 年 7 月 30 日，罗定朝夫妇在申请破产清算后，带着家人乘坐阿德拉斯托斯号（ADRASTUS）轮船离开了牙买加，回到了家乡。而他留在牙买加的女儿罗碧珊也于 1945 年随母亲移居美国，在亲戚帮助下来到了纽约，居住在哈林区，后她以华人身份取得美国签证，与中国的亲人失去了联系。回到中国后，罗定朝一家搬到广州定居，继续经营他的商业，直到新中国成立。1967 年 5 月，罗定朝在广州与世长辞，享年 78 岁。

寻亲故事——从北美到牙买加再到中国深圳

2006 年，葆拉母亲的过世，让这位一生饱含辛劳的客家后裔最终无缘再见中国的家人，留下了终生遗憾，也让葆拉下定决心要找到她的外祖父。为此，她一方面寻求媒体的帮助，同时也积极参加北美各地的华人活动，希望能从知情者处获悉更多的线索。

2012 年 6 月，葆拉根据牙买加的一个表亲建议，来到多伦多参加一个海外客家人举办的、以"离乡别井，安家立业"为主题的客家研讨会。会上，葆拉细心地听会，认真翻阅各种资料，并不停向身边的人打听客家外祖父"Samuel Lowe"这个人。期间，葆拉巧遇加拿大客家会联席主席罗金生博士，并从他口中得知，他的祖辈也来自广东惠阳龙岗罗瑞合村。兴奋不已的葆拉急切地希望罗先生能够帮助她查找外祖父在中国后人的下落。不久，他收到居住香港的侄儿回复邮件称：他已找到 Samuel Lowe 的后人，并联系上他的儿子罗早舞。不久，在牙买加亲人的指引和罗金生博士的陪同下，葆拉和她的哥哥们一起来到了当年外祖父在牙买加的

偷渡加勒比 故乡的祖父

居所。当她们静静地伫立在外祖父生活过的房间里，葆拉内心无比激动，热泪盈眶，"没想到我真的来到了这里，他们曾生活过的地方"。后来，在他们的帮助下，葆拉找到了大量关于罗定朝的资料文件，包括当时牙买加报纸刊登他经商、捐款、商店被人纵火、重建商店、诉讼、变卖财产等28篇新闻报道，在牙买加的结婚登记证明，9个子女的出生证明，以及夫妻二人在1920年、1927年、1928年和1933年往返于香港至牙买加的乘船记录文件等。从这些信息中，葆拉确认其外祖父就是来自中国广东省深圳市龙岗镇，中文名字叫"罗定朝"。

2012年8月15日，葆拉一人来到了外祖父的家乡——深圳市龙岗区罗瑞合村的"鹤湖新居"（现为"深圳市龙岗客家民俗博物馆"）认亲。当她出现在罗氏家人面前时，尽管她长着一头卷发和黑色皮肤，但罗家人发现她的眉眼五官却和他的外祖父如此相似；更让罗家人惊讶的是，葆拉拿出有关罗定朝的众多资料时，让他们不得不现场确认这位说着英语、卷发、黑肤色的女子是罗定朝的外孙女。接着，葆拉在中国亲人的陪伴下，向宗祠列祖叩首上香。此刻的葆拉在低声祷告："妈妈，你看到了吗？我终于找到了外祖父，终于回家了！"

2012年12月圣诞前后，葆拉及其家族成员一行30多人，来到了外祖父的家乡，参加"鹤湖罗氏定朝公后裔联谊会"，罗定朝的100余名后人从海外和国内各地纷纷赶来，这是罗定朝所传八个家庭历史上最完整的一次聚会。如今他的后人分别在中国、牙买加、美国、英国等国繁衍生息。他们虽肤色不同、语言不同，但他们身体里同样流淌着鹤湖罗氏的血液，心怀着对先祖和世家的眷恋。

葆拉的寻亲过程，由美国威廉姆斯控股集团旗下非洲频道电视台进行了跟踪摄制，全程记录并制作了《寻找罗定朝：从哈林区到中国》（*Finding Samuel Lowe: From Harlem to China*）纪录片，先后在美国、加拿大、加勒比海的牙买加、千里达群岛等地播出，并引起轰动。

远渡加勒比
彼岸的祖父

跨越种族边界的族群认同

族群认同对每个人来说，无论其来自哪个种族或民族，信仰哪种宗教，必有其自我的认同，否则作为个体在这世界中的存在便失去了根本的价值和意义，正如加拿大的著名学者查尔斯·泰勒所说的"知道我是谁，就是知道我站在何处"。葆拉通过寻找自己的根，找回迷失的身份认同，在此基础上最后实现了自己的族群认同。

"我是罗定朝的后人"

葆拉寻亲的起因源于她的母亲 Nell Vera（汉语名"罗碧珊"）。自 3 岁离开父亲后，Nell Vera 再也没见到过父亲。到了美国后，家庭生活的贫穷、社会的际遇以及个人父爱的缺失，让这位年少的 Nell Vera 产生了寻找父亲的行动。1933 年，年仅 15 岁的 Nell Vera 怀着对父爱的强烈渴望来到牙买加圣·安斯贝寻找父亲，遗憾的是此行她只见到了父亲的几个兄弟，并且叔伯们告诉她，父亲已经启程返回中国，不会再回来了。叔叔还送给她一对父亲留下的珍珠耳环作为礼物，从此 Nell Vera 就再也没有父亲的消息，失去父爱也给 Nell Vera 留下极大创伤。此后的 Nell Vera，一生都郁郁寡欢，时常想念父亲，直到 2006 年，她去世，都无法与亲人见面。作为女儿的葆拉，深刻感受到母亲的悲伤——自小被迫离开家人，人生一直是残缺的。她为此下定决心要为母亲找到外祖父，以实现母亲一生最大的遗愿。

葆拉寻亲的动因也和当时美国黑人出现身份认同迷失的社会因素有关。首先，美国黑人作为美利坚合众国建国的参与者，也是美国的共同建设者。在 20 世纪，虽然他们早已获得了解放，拥有名义上自由、平等权益，但对广大黑人仍然存在着严重的种族歧视，他们的政治参与、文化权利、经济地位以及语言权利，被排挤到社会的边缘，无法找到自我归属。其次，他们是黑人，与美国主流社会白人有着不同的肤色、不同的文化和不同的生活。长期的被歧视也使他们难以避免地产生自卑心理，加之白人文化的强烈冲击，加速了黑人自我认同迷失的进程。再次，葆拉虽然是美国黑人，但与美国黑人不同的是却有着一副华人面孔，在她小的时候，即使生活在美国黑人群体中，也常常遭到同伴和邻居对她的冷讽、嘲笑，甚至欺负。这样，生活在美国的葆拉，三重角色的身份，让她从小开始就产生了一种迷惑，"我从哪里来？"为了解开这一迷惑，寻亲无疑成为她最佳的办

远渡加勒比

彼岸的祖父

2016 年 9 月 3 日，葆拉表姐与兴宁市叶塘镇下洋村墩上围宗亲合影留念（定朝家族供图）

法，而寻找外祖父和他的亲人是最为重要的途径。

在这样的背景下，从2012年初开始，在多方帮助下，葆拉最终找到外祖父所在的家乡和亲人，实现了母亲的心愿，同时也解开了心中多年的谜团。正如葆拉在经过多番艰难找到外祖父的后代时说，"每一个人都有寻找家族历史的DNA，母亲尼尔没有找到外祖父，一直念念不忘，非常悲伤，我终于完成了她的遗愿，知道自己有300多个亲戚，家族繁衍，知道自己从哪里来"。

"我是一个黑人，也是一个客家人"

寻亲的成功，让葆拉及其家人回归深圳龙岗罗瑞合村的罗氏家族，也从迷失中找到了自己的归属。2012年12月，在深圳龙岗省亲期间，深圳的舅舅按照中国传统家族辈分，给她的家族每一位成员都起了一个中国名字，其中葆拉母亲的名字是罗碧珊，"碧"是罗定朝后代中女儿的辈分，"珊"是美丽的珊瑚，源于其诞生在牙买加，岛上长着许多漂亮的珊瑚。葆拉则起名为罗笑娜，"笑"为辈分，"娜"来自陶铸《松树的风格》文中的"杨柳婀娜多姿，可谓妩媚极了"。姓名，是中华名文化的脉承之一，它是人们以血脉传承为根基的社会人文标识，是人们在社会中必不可少的符号与标识。葆拉从此有了一个中国的名字，是她及其家族成员成为龙岗罗氏定朝公家族成员的标志，也是她们对中华文儿认同的一个符号。

为了能够与中国的亲人更好地沟通与交流，她与家人一起开始了学习客家话。客家话对葆拉来说，既是熟悉的又是陌生的，熟悉是因为在她小的时候母亲曾经说过给她听，那时候的她虽然不懂其意，在给她留下印象的同时也带给她迷惑。2012年，葆拉在多伦多的一个海外客家人举办的客家学术研讨会上，听到现场的人说着客家话，她惊讶地看到

2016年9月2日，葆拉表姐在国内亲人陪同下，专程前往福建省永定县客家土楼景区参观，详细了解闽粤地区客家土楼、围龙屋和围堡的历史演变

哥哥居然跟着客家人的语调数着"一、二、三、四……"虽然不懂什么意思，但这个调子很熟悉，因为母亲小时候说过给他听。正如葆拉所说"这一瞬间，我觉得自己应该是他们的一分子"。陌生又是因为在时隔数十年后，她才能再次听到小时候母亲教过的话。而现在她和家族成员一起都在努力学说客家话。客家话虽然不是葆拉的母语，但他们学习起来那份认真和执着，体现了客家人那种坚韧不拔的精神。

语言是族群认同中的核心要素，也是族群文化传承的重要载体。葆拉及其家族成员学习客家话，虽然对其没有产生"语言转移"（社会成员因为某些因素的影响，没有继承上一代的母语，转而使用另一种语言

的现象），但从另一个角度却体现了她们对客家族群的一种认同。

在2012年12月的省亲期间，按照中国拜祭祖先的方式上香、跪地，向列祖列宗叩拜，她拿着香的手在抖，眼里含着泪水，口中不时祈祷着。随后，她们专程来到葬在广州的外祖父罗定朝的坟前祭拜。在清理坟头、奉上祭品后，葆拉及其家族成员献上鲜花，依次上香。此时，她们控制不住内心的激动，失声痛哭，泪流满面。此刻，也许让罗定朝万万想不到的是，20世纪初的他作为契约华工远渡重洋前往加勒比谋生和发展时留下的孩子，却在100年后，跨越重洋，来到中国的家乡寻亲，不仅找到了离散多年的亲人，而且还来到他的坟前祭拜。如果有在天之灵，他能听到这哭声，也许为之动情吧。接着，在当天下午，罗定朝后裔100多人在广州东方宾馆举行了"鹤湖罗氏定朝公后裔联谊会"。会上，罗氏长辈们按照中国的传统向这些不同肤色的亲人"派利是"，葆拉及其家族成员也逐一接受了"利是"，领受亲人们对她们的祝福。如今，在不同的地方、不同场合都自豪说出一句话，"我是一个黑人，也是一个客家人"。

葆拉寻亲的经历，跨越了种族之间的族群认同。这种认同除了其身上血缘的因素之外，也有着其童年时候从母亲口中得到从未谋面的外祖父的一些零碎的记忆，还有其母亲在日常生活中保持着客家人的生活习惯（从小就教她使用筷子）和理念（母亲对兄妹三人格外严厉的教育和鼓励），这些因素既是葆拉寻亲的动力，也是他们族群认同的体现。在美国人类学博士马立安教授看来，罗笑娜寻根的故事，体现了人类学关心的"从哪里来，回到哪里去"最基本问题。深圳大学刘丽川教授认为，站在客家文化研究的角度，葆拉的寻亲，相当于填补了史料空白，"就像一条纽带，带出更多个体的故事，还原出当年的场景。葆拉自觉认同是客家人，认同中国文化，这也是对中华文明的一种弘扬"。

跨越文化界限的族谱书写

　　族谱是中华文化的组成部分，是宗族文化的载体，是家族成员的精神归宿，历来得到众多姓氏家族的重视。特别是那些离散于家族之外的游子，族谱无疑又是他们寻根和认祖归宗的重要依据。

葆拉及其家族成员写进了《龙岗鹤湖罗氏定朝公家谱》

　　2012年，在加拿大多伦多的客家学术研讨会上，加拿大中兴客家协会创始人黄魏兰芬女士展示了一本《魏氏族谱》，当葆拉得知魏姓的历史可以追溯到公元前600年时，完全被震惊了，深深感受到这些远离中国故土的客家人，对族谱既有着一份浓浓乡土眷恋的情怀，同时也成为他们精神家园的寄托。此时的她在想"如果我的家庭也有一本族谱，可以追溯到那么早呢？如果我能找到那些人又会如何？如果我能询问，我的母亲能否被写族谱，又会怎样？"到了8月份，葆拉首次来到深圳龙岗罗瑞合村，在参观了外祖父曾经生活的故居鹤湖新居期间，她仔细询问了家族源流和宗支世系，了解到鹤湖罗氏源于公元前约1,000年的中原，千百年来经过湖南、江西、福建、粤东，一路南迁，于清朝乾隆年间，鹤湖罗氏先祖瑞凤公从粤东梅州兴宁迁来。此刻的她，感觉自己就是罗氏家族中的一分子，当面向罗家人提出了要求，希望能把她母亲和自己及家族成员一起写进罗氏族谱。

　　在这次寻亲之后，为了把这些海外的宗亲重新写进罗氏族谱，罗家人着手张罗，多方搜集和整理资料。经过两年多的努力，一本《龙岗鹤湖罗氏定朝公家谱》于2013年底编印完成，葆拉和她的母亲、家族成员

逐浪加勒比

彼岸的祖父

2016 年 3
月，葆拉表姐在
姐姐笑柳和女儿
思荑陪同下，再
次来到外祖父故
居鹤湖新居谒祖
（定朝家族供图）

的中英文名字一起都写进了这本罗氏家谱。如今葆拉的愿望最终得到实现，并在有着3,000年历史的罗氏家谱中找到了她们的名字。

（选自深圳市客家文化研究会秘书长、深圳广播电视大学经济管理系副教授黄震在2016年10月第四届石壁客家论坛讲稿）

参考文献

著作

1. Paula Williams Madison. *Finding Samuel Lowe*. New York: Harper Collins Publishers，2015.

2. 罗君筹：《豫章罗氏源流考》，香港：香港罗氏宗亲会1982年版。

3. 刘丽川：《深圳客家研究（第二版）》，深圳：海天出版社2013年版。

4. 深圳龙岗客家民俗博物馆：《鹤湖新居》，北京：中国时代经济出版社2012年版。

5. 托比·马斯格雷夫、威尔·马斯格雷夫著，董晓黎译：《改变世界的植物》，北京：希望出版社2005年版。

6. 罗英祥：《漂洋过海的客家人》，开封：河南大学出版社1994年版。

7. 张卫东、王洪友：《客家研究》，上海：同济大学出版社1989年版。

8. 杨耀林：《深圳近代简史》，北京：文物出版社1997年版。

9. 谭元亨：《客家圣典》，深圳：海天出版社1997年版。

10. 罗瑜富：《感动十年》，兴宁：深圳龙岗鹤湖罗氏墩上教育基金会2011年版。

11. 日本防卫厅研究室编，田琪之译《中国事变陆军作战史（第二卷第2册）》，北京：中华书局1979年版。

12. Eric Williams. *Capitalism and Slavery*.Andre Deutsch，1964 [1944].

13. Glennie, A. and Chappell L. *Jamaica: From Diverse Beginning to Diaspora in the Developed World*. Washington DC: Migration Policy Institute, 2010.

14. 李谭仁：《占美加华人年鉴·1963年》，牙买加：占美加华侨年鉴社

1963 年版。

15. Ray Chen. *The ShopKeepers*. Jamaica: Periwinkle Publishers, 2005.

16. D. H. 菲格雷多，费兰克·阿尔戈特－弗雷雷，王卫东译：《加勒比海地区史》，上海：东方出版中心 2016 年版。

17. 张翰良：《世界华侨·第二集》，美国：世界华侨出版社 1970 年版。

18. 罗河胜：《中华罗氏通史》，广州：广东人民出版社 2014 年版。

19. 罗训森：《中华罗氏通谱》，北京：中国文史出版社 2007 年版。

期刊与论文

1. 〔美〕葆拉·威廉斯·麦迪逊:《一个牙买加裔的美国家庭寻找中国的外祖父》,牙买加《中华会馆通讯》2012 年第 12 期。

2. 〔智利〕贡萨洛·马特内尔著,汤小棣译:《十八世纪以来加勒比经济的演进》,委内瑞拉:《一周》杂志 1979 年第 580 期和第 581 期。

3. 杨宏海:《深圳客家民居的移民文化特征》,《特区理论与实践》2004 年第 4 期。

4. 饶小军:《亲仁犹在,聚族于斯——龙岗镇罗氏宗族及其"鹤湖新居》,香港:《〈A + D〉建筑与设计杂志》1999 年。

5. 李安山:《生存、适应与融合:牙买加华人小区的形成与发展(1854-1962)》,《华人华侨历史研究》2005 年第 5 期。

6. 郭梁《1929—1933 年世界经济危机对东南亚华侨经济的影响》《南洋问题研究》1989 年第 5 期。

7. 杨星星:《清代归善县客家围屋研究》,华南理工大学博士论文 2012 年。

8. 李颖燕《西印度群岛经济发展举步艰难探源》《社科与经济信息》2001 年第 7 期。

9. 张亚东:《试论第一帝国时期英属加勒比美洲的种植园奴隶制》,《佳木斯大学社会科学学报》,2004 年第 3 期。

10. 程有炳:《析英国战时经济》,《军事经济研究》1993 年第 7 期。

11. 邓洪禹,董松涛:《略论二战后英国由战时经济向和平经济的转变》(1945-1950),《宿州教育学院学报》2006 年 6 期。

12. 张铠:《十九世纪华工与华人对拉丁美洲的历史贡献》,《近代历史研究》1984 年第 167 期。

远渡加勒比
彼岸的祖父

其他

1.Tsang Wing (2015). Enterprise Development Among Chinese in Jamaica. Retrieved from http://www.academia.edu/2355822/ Enterprise_Development_among_Chinese_Immigrants_in_ Jamaica;

2.《屡遭地震破坏的牙买加首府金斯敦——692 年牙买加地震》 http://www.csi.ac.cn/publish/main/index.html.2007-11-05.

3.《中国人在牙买加都姓"秦"》,《环球时报》2011—2—21。

4. 张锦江:《寻找拉美华侨华人的足迹》,《人民日报》2011—10—17, 第 23 版。

5. 莫荔荔:《广州街巷的前世今生》,《羊城晚报》2009—4—5。

6. 黄丹彤:《日军轰炸广州密度仅次重庆》,《广州日报》2012—10—22。

7.1920 年 12 月 23 日 THE DAILY GLEANER (《拾穗人日报》)有关报道。

8.1923 年 10 月 25 日 THE DAILY GLEANER (《拾穗人日报》)相关报道。

9.1928 年 12 月 28 日 THE DAILY GLEANER (《拾穗人日报》) 及以后的相关报道。

10.1932 年 2 月 4 日 THE DAILY GLEANER (《拾穗人日报》) 第 6 版有关报道。

11.1921 年 7 月 25 日 THE DAILY GLEANER (《拾穗人日报》)相关报道。

12.1928 年 12 月 24 日、28 日 THE DAILY GLEANER (《拾穗人日报》) 系列报道。

13.1929 年 1 月 21 日 THE DAILY GLEANER (《拾穗人日报》)相关报道。

14.1929年7月30日*THE DAILY GLEANER*(《拾穗人日报》)相关报道。

15.1930年10月17日*THE DAILY GLEANER*(《拾穗人日报》)相关报道。

16.1931年12月3日*THE DAILY GLEANER*(《拾穗人日报》)相关报道。

17.1931 年 12 月 24 日、1932 年 1 月 16 日、3 月 9 日 *THE DAILY GLEANER*（《拾穗人日报》）相关报道。

18.1921 年 7 月 25 日、1922 年 7 月 29 日、1926 年 10 月 29 日 *THE DAILY GLEANER*（《拾穗人日报》）相关报道。

19. Paula Williams Madison 提供的 1920 年 9 月 9 日的《旅客乘船清单》。

20. Paula Williams Madison 提供的 1927 年 11 月 26 日《旅客乘船清单》。

21. Paula Williams Madison 提供的 1928 年 12 月 13 日《旅客乘船清单》。

22. Paula Williams Madison 提供的 1929 年 10 月 19 日《旅客乘船清单》。

23. Paula Williams Madison 提供的 1933 年 3 月 15 日的《旅客乘船清单》。

24. Paula Williams Madison 提供的 1933 年 7 月 30 日的《旅客乘船清单》。

远渡加勒比

彼岸的祖父

中英文名称对照表

人名对照表

阿黛莎（Adassa，汉语名罗碧玉）

阿斯顿（Aston）

艾伯塔·贝丽尔·坎贝尔（Albertha Beryl Campbell）

艾尔里克（Elrick，汉语名罗敏志）

埃玛·艾莉森（Emma Allison）

安德烈娅（Andrea，汉语名罗笑丹）

安德尔（Andel，汉语名罗嘉传）

安妮塔·玛丽亚（Anita Maria，汉语名罗碧霞）

芭芭拉·海厄森斯（Barbara Hyacinth，汉语名罗碧珍）

葆拉·威廉姆斯.麦迪逊（Paula Williams Madison，汉语名罗笑娜）

安·东尼（Anthony，汉语名罗敏德）

格伦福特（Glenford，汉语名罗敏诚）

霍华德（Howard，汉语名罗敏坚）

吉尔伯特（Gilbert，汉语名罗敏泉）

内尔·薇拉·威廉姆斯（Nell Vera Lowe Williams，汉语名罗碧珊）

洛兰（Lorain，汉语名罗笑莲）

罗定朝（Samuel Lowe）

菲利普·罗（Philip Lowe，祖父的哥哥罗献朝，文中称伯公）

塞缪尔·罗（Samuel Lowe，即祖父罗定朝）

斯科特（W. H. Scott）先生

唐纳德（Donald，中文名罗敏行）

远渡加勒比
彼岸的祖父

约翰逊·罗（Johnson Lowe，祖父的弟弟罗仕朝，文中称叔公）

马西娅·海恩斯（Marcia Haynes）

地名对照表

阿巴拉契亚（Appalachia）

奥乔里奥斯（Ocho Rios）

巴里街（Barry）

贝克福德街 (Beckford)

必昌街（Pechon）

布朗斯城（Browns Town）

波特兰教区的安东尼奥港（Port Antonio）

橙街（Orange）

港湾街 (Harbour)

公主街（Princess）

海斯（Hayes）区

克拉伦登（Clarendon)教区

开曼纳斯（Caymanas)种植园

雷诺克斯（Lenox）

曼切斯特教区的曼德维尔（Mandeville）

莫尼格（Moneague）小城

摩可（Mocho）小镇

圣·安斯贝城

圣·安斯贝教区的奥乔里奥斯（Ocho Rios）

圣·凯瑟琳教区的西班牙城（Spanish Town）

圣·玛丽教区的玛丽亚港（Port Maria）

圣·伊丽莎白教区的黑川（Black River）

圣·伊丽莎白（St. Elizabeth）教区

圣·詹姆斯教区的蒙特哥湾（Montego Bay）

塔楼街（Tower）

特里洛尼教区的法尔茅斯（Falmouth）

威斯特摩兰（Westmoreland）教区

威斯特摩兰教区的滨海萨瓦纳（Savanna-La-Mar）

其他

塞缪尔·罗兄弟商店（Samuel Lowe and Bros.）

牙买加零沽商会（Jamaica Retailers Association）

《拾穗人日报》（*The Daily Gleaner*）

地保官（Justice of the Peace，又称"太平绅士"）

埃普索姆号（Epsom）轮船

吸血鬼号（Vampire）轮船

特雷莎·简号（Theresa Jane）轮船

安雅玛鲁号（Anyo Maru，有人译为安洋号）轮船

锡克绍拉号（SIXAOLA）轮船

廷达瑞俄斯号（TYNDAREUS）轮船

阿德拉斯托斯号（ADRASTUS）轮船

远渡加勒比 彼岸的祖父

BRO

2014 年 8 月，定朝家族国内外血亲欢聚于位于美国
加州世界著名葡萄酒产区纳帕山谷的布朗酒庄

后记

　　经过近两年的资料收集、整理、翻译和秉烛夜作，《远渡加勒比》一书的稿件终于写作完成。该书尝试以翔实的历史资料、鲜活的历史人物，生动具体地再现祖父和那些广东惠阳、东莞、宝安地区的客家人，在近代中国沧桑沉沦、丧权屈辱的时代背景下，承沿客家先民不停迁徙的历史传统和足迹，漂洋过海、历尽艰辛、远赴美洲、开基创业的奋斗历程，客观真实地反映出中国汉民族中客家人那种"特立卓行"的气概和秉性。写作伊始，我一直担心自己的文学素养和写作能力，能否完成好Paula表姐交给的写作任务，可是当我将完成的书稿忐忑不安地呈送给那些擅长写作的老师学长、亲朋戚友请教时，却令人惊喜地获得了大家一致好评。好友樊兆华这样评价："《远渡加勒比》一书文笔细腻而生动。以凡人真实历史写成尤为不易。第一，可贵在纪实，可称凡人历史；第二，可贵在可读，利于流传后世；第三，可贵在沉思，彰显人生哲理；第四，可贵在浓情，可以感染读者。"看到这样的评价，我内心充满了欣慰和喜悦。我想，该书能够感染读者，并不在于写作技巧如何运用，而是因为用激情和心血写出--一个个感人的故事。

　　就常年耕读写作的专业作者而言，一本60,000字的"小本头"纪实文学作品显然并非难事，但是，对于第一次尝试文学创作的我来说，却是一个巨大的挑战。所幸的是，我的写作过程得到了太多人的指导与帮助。

　　感谢Paula表姐。没有她多年来执着寻根的努力和卓越超凡的资料收集能力，那些散落在美洲各地近百年的珍贵历史文献和图片资料，断然不会再次回到我们的手中，而缺少了这些翔实的历史素材，我不可能客观真实地再现祖父那命运多舛、跌宕起伏的人生经历，该书也必定会失去感染读者的魅力；没有她在写作过程中的悉心指导，故事的逻辑结构和内容安排也没有现在那样合理和丰富，该书的可读性也将大打折扣。

感谢我的老师。刘丽川老师，现任深圳大学客家研究会会长、嘉应学院客座教授、深圳龙岗客家民俗博物馆特约研究员、深圳客家文化研究会特约研究员等社会职务，退休前为深圳大学师范学院中文系教授，是我在深圳大学法律系就读时"现代汉语"课程的导师。1999年，她担纲主持了广东省社科项目"深圳客家研究"的实施并取得了丰硕的学术成果。退休后的刘教授对深圳客家研究仍然倾注着极大的热情。2013年8月，她的学术著作《深圳客家研究》再版发行，不仅为广大读者更加全面地展现了深圳客家的历史风貌与文化特色，也为我们这些深圳客家后裔探究宗族的历史变迁提供了极其丰富的历史资料。最令人感动的是，在书稿写作之后，她不顾眼疾，认真地为我审阅书稿，提出了许多宝贵意见，并与张卫东教授一起，热情地为我《远渡加勒比》一书执笔作序。此外她同意将其《深圳客家研究》一书第三章节录收入本书"相关文献"之中。

感谢深圳龙岗客家民俗博物馆。多年来，该馆历届领导、专家以及工作人员致力于深圳客家文化研究和客家围屋保护，做了大量卓有成效的工作。特别是对深圳"龙岗罗"客家宗支的历史沿革和民俗特点，开

远渡加勒比 彼岸的祖父

展了拯救性的资料收集和研究工作。该馆 2012 年 5 月出版的《鹤湖新居》一书，为《远渡加勒比》一书写作提供了大量的参考资料。

感谢我的同事——"才女"朱蔚霞牺牲了不少休息时间为我原创书稿进行润色——她独具匠心，巧妙调整书稿中段落结构顺序，让故事情节更具可读性；她以如椽之笔，浓墨修饰渲染情感，让故事人物更具感染力。"文豪"樊兆华以极其认真的态度审阅书稿，将上百页的拙作悉数打印，逐行修改逐页批注，既指出了内容重复之处，又对书中多处用词提出校正建议。"作家"蔡志明也在百忙中专门抽出时间审阅书稿，对丰富书中内容提出了不少好的建议。

感谢我的父亲。他不顾年事已高全力支持我的写作，亲自组织家族内资料收集，安排同村长老见面访谈，所做的一切，对我写作前期的资料收集发挥了重要作用。

感谢女儿思萁和唯一表哥。思萁不仅负责海外历史文献资料的收集整理，还承担了数十份英文文献史料的翻译工作。唯一表哥为译文校对做了大量工作，同时对书稿创作提出了许多有益的建议。

感谢堂哥罗金生（加拿大）、江明月女士（加拿大）和曾汉麟先生（牙买加），为本书写作提供大量重要的历史文献和图片资料。此外，江明月女士还对书中引用文献和图片注释等技巧和方法提供了重要的指导意见。

感谢深圳广播电视大学经济管理系黄震副教授，同意将其近作《跨越种族边界的种族认同和族谱书写》一文收入本书"相关文献"之中。

由于历史资料缺失，《远渡加勒比》一书对祖父幼年时期和初到加勒比的生活、工作情况交代并不完整；又因写作能力所限，也没有处理好客家个体与客家群体的互动关系。我期待随着史料的不断发现和读者的批评指正，这个故事会更加完美、更加精彩。

罗敏军

图书在版编目（ＣＩＰ）数据

远渡加勒比：彼岸的祖父 / 罗敏军著 . —— 深圳：深圳报业集团出版社，2016.11

ISBN 978-7-80709-760-0

Ⅰ . ①远… Ⅱ . ①罗… Ⅲ . ①客家人 – 民族历史 – 研究 – 中国 Ⅳ . ① K281.1

中国版本图书馆 CIP 数据核字 (2016) 第 255501 号

《我们深圳》文丛

深圳市文化创意产业发展专项资金资助项目

远渡加勒比：彼岸的祖父

Yuandu Jialebi：Bi'an de Zufu

罗敏军 著

深圳报业集团出版社出版发行

（深圳福田区商报路 2 号 518034）

中华商务联合印刷（广东）有限公司印制

新华书店经销

开本：889mm x 1230mm 1/32

字数：220 千字

版次：2016 年 11 月第 1 版 2016 年 11 月第 1 次印刷

印张：8.5

印数：1-4000 册

ISBN 978-7-80709-760-0

定价：45.00 元